KB044696

카피책 C.

당신이 쓰는 모든 글이 카피다

카피책

2023년 04월 24일 개정판 01쇄 발행
2024년 09월 20일 개정판 04쇄 발행

지은이 정철
비주얼 손영삼

발행인 이규상 편집인 임현숙
편집장 김은영 책임편집 정윤정
콘텐츠사업팀 문지연 강정민 정윤정 원혜윤 이채영
디자인팀 최희민 두형주
채널 및 제작 관리 이순복 회계팀 김하나

펴낸곳 (주)백도씨
출판등록 제2012-000170호(2007년 6월 22일)
주소 03044 서울시 종로구 효자로7길 23, 3층(통의동 7-33)
전화 02 3443 0311(편집) 02 3012 0117(마케팅) 팩스 02 3012 3010
이메일 book@100doci.com(편집·원고 투고) valva@100doci.com(유통·사업 제휴)
포스트 post.naver.com/black-fish 블로그 blog.naver.com/black-fish
인스타그램 @blackfish_book

인용 도서
정철 저,《학교 밖 선생님 365》, 리더스북, 2011
정철 저,《불법사전》, 리더스북, 2010
정철 저,《세븐 센스》, 황금가지, 2008

ISBN 978-89-6833-425-2 03190
ⓒ 정철, 2023, Printed in Korea

블랙피쉬는 (주)백도씨의 출판 브랜드입니다.
이 책은 저작권법에 따라 보호받는 저작물이므로 무단 전재와 복제를 금지하며,
이 책 내용의 전부 또는 일부를 이용하려면 반드시 저작권자와 (주)백도씨의 서면 동의를 받아야 합니다.

• 잘못된 책은 구입하신 곳에서 바꿔드립니다.
• 이 책은 2016년 01월 25일 출간된《카피책》의 전면 개정판입니다.

당신이
쓰는
모든 글이
카피다

정철 지음

카피책

블랙피쉬
Black Fish

일러두기

▶ 본문의 맞춤법과 외래어 표기법은 국립국어원 표준국어대사전을 따랐다.

단, copy 속 어휘는 본래 의도와 말맛을 가급적 살리기 위해 어긋남을 허용하였고,

일부 광고업계 용어의 경우 관행을 따랐다.

▶ 본문 중간중간 그리고 마지막 부록에 실습 문제를 마련했다.

노트와 연필을 준비해 당신 손으로 카피를 완성해 보라.

쓰십시오.
쓰지 않으면 잘 쓸 수 없습니다.

개정판을
내며

됐다

《카피책》이 세상에 나온 지 7년. 명쾌한 제목 덕분인지 나름 카피라이팅 교본으로 자리 잡으며 과분한 사랑을 받고 있습니다. 고마운 일입니다. 그런데 마냥 고마워하고만 있을 수는 없었습니다.

좋은데 아쉽다.

이 말이 줄곧 책을 따라다녔으니까요. 아쉬움의 정체가 무엇인지 나는 알고 있었습니다. 더는 모른 척할 수 없었습니다. 수선에 들어갔습니다. 기존《카피책》은 초고였다 생각하고 모질게 수선했습니다.

구닥다리 감성을 지닌 문장과 사례들을 버렸습니다. 정치적으로 호불호가 갈리는, 그래서 절반 가까운 독자가 불편해했던 카피들도 상당량 버렸습니다. 책의 두께만 키우는 게 아닌가 의심되는 몇몇 장도 과감히 버렸습니다. 그들이 빠져나간 자리를 새로 작업한 카피, 더 적절한 사례, 더 쉬운 문장으로 채웠습니다. 비주얼 작업도 다시 했습니다.

이제 아쉽다는 말을 조금이라도 덜 듣게 되었으면 합니다. 좋다는 말까지는 욕심내지 않더라도 이런 말은 듣고 싶습니다.

됐다.

책 한 권에
꾹꾹 눌러
담았습니다

처음이자 마지막으로 쓰는 카피라이팅 책

창피를 무릅쓰며

이 책은 카피라이터로 살아온 내 인생의 압축입니다. 카피라이터로 살만큼 살았으니 카피를 바라보는 개똥철학도 생겼을 것이고 카피 쓰는 요령도 조금은 쌓였을 것입니다. 별 대단할 것도 없는 것들이겠지만 이제 그것들을 풀어놓으려 합니다. 창피해서 나 혼자 감춰 두고 보던 것을 에라 모르겠다, 후배 카피라이터들과 나누려 합니다.

책을 시작하며 맨 먼저 한 생각. 내 카피만으로 책 한 권을 써야지. 남들이 쓴 카피 쓸어 모은 책이라면 굳이 내가 쓸 이유가 없으니까. 이 생각이 그대로 책이 되었습니다. 그래서 책에 올리기 쑥스러운 허접한 카피가 한둘이 아닙니다. 하지만 창피를 무릅쓰려 합니다. 내가 작업하는 과정과 작업한 결과를 가감 없이 보여 드리는 것이 이 책이 해야 할 일이라 믿기 때문입니다. 물론 내가 쓰지 않은 카피도 몇 줄 등장하지만 이는 조금 더 친절한 설명을 위해 필요할 때만 제한적으로 인용했습니다.

나는 오랫동안 프리랜서로 일했습니다. 남의 전쟁이나 전투에 용병으로 참여해 카피라는 핵심 무기를 생산, 공급해 주는 일이 내가 하는 일이었습니다. 전쟁은 늘 어렵습니다. 이길 때보다 질 때가 더 많습니다. 전쟁에서 지면 애써 생산한 무기는 그날로 죽은 자식이 되고 맙니다. 이 책에 예시한 카피 상당량이 바로 그 죽은 자식들입니다. 죽은 자식들이 벌떡 일어나 책을 쓰게 해 준 셈입니다. 효자들 맞습니다.

오늘의 카피라이터와 내일의 카피라이터 모두에게 권합니다. 죽은 자

식 버리지 말고 튼튼한 창고 하나 만들어 잘 모셔 두라고. 그 창고가
에디슨의 수첩 부럽지 않은 보물 창고가 된다고. 3년 전 커피 광고 카
피로 썼다 죽은 자식이 3년 후 맥주 광고 카피로 부활할 수도 있다고.

나는 이렇게 썼는데 너는 어떻게 쓸래?

이 책은 교과서가 아닙니다. 현대 광고의 아버지 오길비(David Ogilvy)
선생 말씀도 아닙니다. 내 성공과 실패를 내 마음대로 오리고 붙인 카
피 보고서에 가깝습니다. 나는 이렇게 썼는데 너는 어떻게 쓸래? 묻는
카피 연습장에 가깝습니다.

동의하기 어려운 외로운 주장도 있을 것이고 시대에 뒤진 생각도 있을
것입니다. 비약과 무리와 과장과 무지와 억지도 있을 것입니다. 하늘을
우러러 한 점 부끄럼 없는 카피책을 기대하셨다면 읽지 않는 게 좋습
니다. 정철이라는 사람은 어떻게 머리를 굴리는지, 어떻게 연필을 굴리
는지, 그의 머릿속과 연필 끝을 훔쳐보고 싶은 사람은 한 번쯤 읽어 보
셔도 좋을 것입니다.

나는 카피라이터가 될 건 아닌데 책을 읽을 필요가 있을까? 묻는 사람
도 분명 있을 것입니다. 카피든 수필이든 연애편지든 사람 마음을 열
고 싶어 한다는 점에서 모든 글은 같다고 생각합니다. 카피라이터가
되지 않기로 결심한 사람은 짧은 글로 사람 마음을 얻는 방법이라는
관점 하나만 붙들고 읽어 주시면 됩니다.

나는 평생 카피를 써서 밥도 먹고 술도 마시고 책도 살 수 있었습니다. 카피는 내 인생 가장 고마운 두 글자입니다. 그래서 후배들에게 바치는 책 한 권은 꼭 남겨야겠다는 생각을 오래전부터 했습니다. 그런데 게을러서 못 썼고 자신이 없어 못 썼습니다. 숙제를 이제 합니다. 더 늦으면 영영 못 할 것 같아 이제라도 합니다. 그래서 기분이 가볍습니다. 비주얼을 맡아 준 손영삼 님에게 특별히 고맙다는 말을 전합니다.

당신이 쓰는 모든 글이 카피다

차례

PART 1. 이렇게 _____

연필을 씁니다

PART 2. 이렇게

머리를 씁니다

PART 1.
이렇게

 연필을 씁니다

1_ 카피작법 제1조 1항
글자로 그림을 그리십시오

이대호와 손흥민

copy 추운 날, 국수 따끈하게 말아 놓겠습니다

이 카피*의 나이는 서른 살입니다. 30년 전 내 청첩장에 놓인 카피입니다. 그냥 청첩장이라고 쓴 것과는 느낌이 다르지 않나요? 꼭 참석하시어 자리를 빛내 주십시오, 라고 쓴 주례사 같은 카피와는 분명 느낌이 다를 것입니다. 왜 다를까요? 무엇이 다를까요? 첫 장에서는 이 이야기를 하려 합니다. 먼저 웨이터 두 사람을 모십니다.

롯데호텔 나이트클럽 웨이터 이대호. 그는 부지런합니다. 밤을 꼴딱 새워 일하지만 낮에도 방구석에 처박혀 있지 않습니다. 집을 나와 부지런히 움직입니다. 경비 아저씨 눈을 피해 이 빌딩 저 빌딩 들락날락합니다. 그

---

* copy 광고에 나오는 모든 말과 글. 의미를 조금 더 키우면 누군가를 설득하기 위해 일상에서 사용하는 모든 말과 글.

가 노리는 곳은 공중화장실. 그는 소변보는 척하며 남자 소변기 위에 작은 스티커를 붙여 둡니다. 남자들은 볼일을 보며 시선 둘 데가 딱히 없어 이대호가 붙여 놓은 스티커를 봅니다. 명함 크기의 작은 스티커입니다. 그곳엔 카피 한 줄이 적혀 있습니다.

<u>copy</u>   화장실을 깨끗이 사용합시다

[현관에서 이대호를 찾아 주세요]라는 카피도 아래에 보입니다. 이대호가 붙인 카피를 보는 순간 우리는 어떤 반응을 보일까요? '아, 그동안 나는 공중화장실을 너무 마구 사용했어. 반성 또 반성. 오늘부터라도 내 집 화장실이다 생각하며 깨끗이 써야지. 문화 시민답게.' 이런 생각이 밀물처럼 밀려들까요? 설마요. 아무 생각 없이 볼일 보고 지퍼 올리고 자리를 뜨겠지요. 실패!

　이대호는 우리에게 말을 거는 데 실패하고 맙니다. 잠도 제대로 못 자고 돈도 제법 들인 카피 한 줄은 공허한 목소리가 되고 맙니다. 우리 이대호, 야구는 잘한다지만 카피는 빵점입니다. 운동선수 되길 잘했습니다. 그런데 같은 나이트클럽 웨이터 손흥민은 다릅니다. 같은 곳에 조금 다른 카피를 붙입니다.

<u>copy</u>   반 발짝만 앞으로 오세요

이 카피는 어떻습니까? 다르지 않습니까? 볼일을 보다가도 소변기와 나사이 간격이 적당한지 살필 것 같지 않습니까? 눈곱만큼이라도 변기 앞

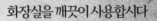

화장실을 깨끗이 사용합시다

현관에서 이대호를 찾아 주세요
롯데호텔 나이트클럽 웨이터 이대호

반 발짝만 앞으로 오세요

현관에서 손흥민을 찾아 주세요
롯데호텔 나이트클럽 웨이터 손흥민

으로 움직일 것 같지 않습니까? 당연히 화장실 바닥에 불쾌한 놈들이 떨어질 확률은 줄어들겠지요.

이대호와 손흥민, 두 사람은 같은 말을 했습니다. 둘 다 화장실 좀 깨끗이 쓰자는 말을 했습니다. 하지만 말을 들은 사람은 다른 반응을 보입니다. 왜 그럴까요? 왜 다를까요? 바로 **구체성**입니다.

잘생겼다	→	강동원 동생일 거야
많다	→	삼십육만 칠천팔백 개
꼼꼼하다	→	손톱 열 개 깎는 데 꼬박 20분을 투자한다

이렇게 쓰십시오. 이렇게 **구체적으로 쓰십시오.** 막연한 카피, 추상적인 카피, 관념적인 카피와 멀어지려고 애쓰십시오. 구체적인 카피는 머릿속에 그림을 그려 줍니다. 머릿속에 그림이 그려진다는 건 사진 한 장을 찰칵 찍어 카피와 함께 머릿속에 배달한다는 뜻입니다. 그만큼 더 생생하게, 더 강렬하게, 더 오래 기억에 남게 메시지를 전달할 수 있다는 뜻입니다. 당연히 카피에 힘이 붙겠지요.

이대호의 카피를 읽으면 그림이 그려지지 않습니다. 그러나 반 발짝만 앞으로 오라고 호소한 손흥민 카피에선 그림이 보입니다. 이 차이는 큽니다. 이 차이를 카피라이터의 실력 차이라 해도 좋을 것입니다. 그래서 나는 이렇게 말합니다.

> 카피를 쓸 땐 연필로 쓰지 말고 송곳으로 쓰라고
> 두루뭉술하게 쓰지 말고 송곳으로 콕콕 찔러 쓰라고

무딘 카피는 허파를 건드려 하품이 나오게 하지만
뾰족한 카피는 심장을 찔러 탄성이 나오게 한다고
심장을 깊숙이 찌르려면 송곳을 쥐고 카피를 쓰라고

엄청난 혼란을 엄청난 혼란이라고 표현하지 말아야

지금 밥이나 빵을 먹으며 책을 읽는 독자에겐 죄송한 일이지만 화장실 이야기 하나만 더 하겠습니다. 얼마 전 나는 복어를 먹으러 간 한 빌딩 공중화장실에서 또 다른 카피를 만났습니다.

<u>before</u> 담배꽁초나 가래침을 바닥에 뱉지 마세요

이 카피는 어떻습니까? 이대호가 붙인 카피에 비해 진일보한 카피 맞습니다. 구체성이 보입니다. 그림이 그려집니다. 그러나 안타깝게도 새로움이 없습니다. 지겹게 들어 온 서당 훈장님 말씀이라 머리에 그림을 그리기도 전에 흘려듣고 맙니다. 조금 더 울림이 있는 구체성이어야 합니다. 만약 이 빌딩 주인이 내게 카피를 의뢰했다면 나는 원래 카피 아래에 한 줄을 더했을 것입니다.

<u>after</u> 담배꽁초나 가래침을 바닥에 뱉지 마세요
         청소하시는 아주머니 관절이 너무 힘들어요

그림도 있고 울림도 있지 않습니까? 관절도 좋지 않은 아주머니가 바닥에 쭈그리고 앉아 담배꽁초를 줍는 모습, 가래침을 닦는 모습, 그녀의 힘든 표정이 눈에 보이지 않습니까? 그녀의 한숨 소리가 귀에 들리지 않습니까?

복어를 잘 먹고 나왔습니다. 건널목에 서서 파란불을 기다렸습니다. 학원 버스 몇 대가 내 눈을 스쳐 지나갑니다. 그들은 내 눈을 붙잡지 못하고 그저 흘러 지나갑니다. 그때 노란 버스 한 대가 눈에 크게 들어옵니다. 미세스장이라는 영어 학원 버스입니다. 버스 옆면에 붙은 카피 한 줄이 내 눈을 강하게 찌릅니다.

<u>copy</u>   첫 시간부터 영작입니다

그림이 그려집니다. 학원 첫날 자리에 앉자마자 연필 들고 영작부터 하는 아이가 보입니다. 나는 모릅니다. 영작부터 시작하는 게 얼마나 효과적인 공부 방법인지 모릅니다. 하지만 내 눈을 붙잡지 못하고 흘러 다니는 버스에 붙은 '영어 교육의 명문'이나 '글로벌 리더로 키우는' 같은 카피에 비하면 백배 나은 카피일 것입니다. 영어 교육의 명문? 그림이 그려집니까? 피카소 할아버지의 할아버지도 쉽게 그림을 그릴 수 없습니다.

건널목을 건넜습니다. 한참을 더 걸어가는데 한 병원 문에 슬픈 글씨로 '폐업'이라고 쓴 종이가 나풀거립니다. 그렇다고 합니다. 동네 병원이 사라지고 있다고 합니다. 감기만 걸려도 다들 종합 병원을 찾으니 동네 병원은 하나둘 문을 닫는다고 합니다. 만약 당신이 이를 걱정하는 호소문을 쓴다면 뭐라 쓰시겠습니까? 연필을 들고 심각하게 고민하다 이렇게 쓰시 겠지요.

before   동네 병원이 사라지면
        종합 병원에 너무 많은 사람이 몰려
        엄청난 혼란을 초래할 것입니다

맞는 얘기입니다. 그러나 맞기만 한 얘기입니다. 조금만 더 구체적으로 써 주십시오. 엄청난 혼란을 엄청난 혼란이라고 표현하지 말아 주십시오. 당신이 쓴 카피와 똑같은 뜻의 카피를 내게 쓰라고 했다면 나는 조금 다 르게 썼을 것입니다. 종합 병원 안에서 그릴 수 있는 그림, 동네 골목에서 그릴 수 있는 그림, 아픈 아이가 있는 집에서 그릴 수 있는 그림을 차례 로 보여 드립니다.

after   1. 동네 병원이 사라지면
        종합 병원 복도 바닥에서 짜장면 시켜 먹으며
        3박 4일 동안 진료를 기다려야 합니다

       2. 동네 병원이 사라지면
        돌팔이 의사들이 골목을 돌아다니며
        병 고치세요! 외치고 다닐지도 모릅니다

       3. 동네 병원이 사라지면

아이 몸이 불덩이일지라도 엄마가 할 수 있는 일은
아이를 안고 엉엉 우는 일뿐일 것입니다

그림, 그림, 그림이 그려졌습니까? [엄청난 혼란]을 [복도 바닥], [짜장면], [3박 4일] 같은 구체적인 말로 바꾸었습니다. 이런 말이 그림을 그리는 데 도움을 주었을 것입니다.

　카피에서 이 '구체성'은 더없이 소중한 세 글자입니다. 카피라이터가 되려는 젊은이에게 피가 되고 살이 되는 말 딱 한마디만 해 달라고 하면 나는 길게 떠들지 않습니다. **구체성!** 이 세 글자를 던집니다. 이 책에서도 구체성 이야기를 가장 먼저 합니다. 카피작법 제1조 1항이 이것이라고 주장합니다. 왜 이렇게 유난을 떨겠습니까?

유난 조금만 더 떨겠습니다

용인에 들어서는 한 아파트가 분양 광고를 합니다. 서울보다 분양가가 싸다는 게 가장 큰 매력입니다. 1억 원쯤 싸다고 칩시다. 어떤 카피를 써야 할까요?

before　서울보다 훨씬 저렴한 파격 분양가!

아, 아직도 이런 흑백 TV 시대 카피를 생각하신다면 실망입니다. 물론 소비자 이익을 앞세웠으니 말도 안 되는 카피라 할 수는 없습니다. 하지만 이건 카피라기보다 콘셉트에 가깝습니다. 그림이 잘 그려지지도 않으니

용인에 집 사고 남는 돈으로 아내 새 차 뽑았다

다. 내가 소비자 머릿속에 그림을 그려 주려고 쓴 카피 한 줄과 비교해

보십시오.

<u>after</u>   용인에 집 사고 남는 돈으로 아내 새 차 뽑았다

구체적인 카피는 소비자에게 많은 생각, 깊은 생각을 강요하지 않습니다.

생각이라는 것을 하지 않아도 그냥 그림이 보입니다. 물론 소비자 스스로도 이런 생각 할 수 있습니다. 분양가가 1억 원 싸다? 아내 차 바꿀 때 됐는데. 이참에 용인으로 집 옮기면 새 차 뽑을 수 있겠네. 조금 멀지만 새 집에 새 차까지 덤으로 얻을 수 있으니 이게 훨씬 남는 장사일 거야!

이 생각마저 카피라이터가 다 해 주자는 것입니다. 소비자의 수고를 덜어 주자는 것입니다. 소비자가 입만 벌리면 받아먹을 수 있게 썰고 다지고 간까지 다 맞춰 숟가락 위에 올려 주자는 얘기입니다. 피곤하겠다고요? 피곤합니다. 하지만 카피라이터들은 이 피곤을 즐깁니다.

오래전 경기도지사 선거. 진념이라는 후보가 있었습니다. 대표적인 대한민국 경제통이었습니다. 재정경제부, 기획예산처 등 경제 부처 장관직만 무려 여섯 곳을 두루 거친 후보였습니다. 그에게 어떤 옷을 입혀야 할까요? 경제전문가? 경제도지사? 뭐 워낙 콘셉트가 확실한 인물이니 어떤 옷을 입혀도 크게 춥지 않을 것입니다. 하지만 나는 조금 더 구체적인 옷을 입히고 싶었습니다.

copy 　장관 여섯 명을 경기도에 바칩니다

이 사람을 도지사로 뽑으면 경기도가 장관 여섯을 한꺼번에 데려오는 셈이라는 뜻입니다. 여섯 쌍둥이가 도지사 방에 나란히 앉아 각자 빨강, 파랑, 노랑, 초록, 보라, 검정 펜을 들고 결재하는 그림이 보입니다.

한번은 퀀텀바이오닉스라는 스타트업 기업에 갔습니다. 그들이 가진 놀

장관 여섯 명을 경기도에 바칩니다

라운 신기술에 대해 들었습니다. 두 시간을 들었습니다. 거의 이해하지 못했습니다. 다만 그 신기술로 바이러스를 제압하는 놀라운 마스크를 만들어 냈다는 말은 들렸습니다. 내가 그 마스크에게 준 헤드라인*은 무엇이었을까요?

---

* headline 광고의 핵심 메시지를 담은 머리글. 가장 먼저 눈에 띄는 카피. 소비자는 헤드라인을 보고 광고를 더 자세히 읽을지 말지 결정한다.

copy　　노벨이 의학상을 들고 달려올 마스크

죽은 노벨이 예수처럼 부활하여, 잔뜩 흥분한 표정으로 서울행 비행기에 오르는 그림이 그려졌습니까? 헤드라인 아래엔 이런 카피를 덧붙였습니다.

copy　　상은 천천히. 저희는 지금 코로나 퇴치에 바쁘니까요

공무원노동조합 카피를 쓴 적도 있습니다. 공무원을 힘들게 하는 폭언, 폭행, 위협이 심각한 지경이라고 했습니다. 근무한 지 1년도 안 된 공무원 퇴직자가 한 해 2천 명 가까이 된다고 했습니다. 시민들에게 악성민원을 멈춰 달라고 호소하는 카피, 어떻게 썼을까요?

copy　　어제도 공무원 수십 명이 사표를 썼습니다

'아, 이제껏 나는 무심코 행동했는데. 나는 갑이고 공무원은 을이라고 생각했는데. 이런 내 태도 때문에 공무원들이 사표를 쓰고 있었어. 그래, 공무원만큼 힘든 감정노동도 없을 거야. 얼마나 힘들었으면 그 어렵다는 시험에 합격하고도 금세 사표를 쏠까.' 이런 생각을 하게 하는 카피입니다.

copy　　1. 악성민원 때문에 공무원이 많이 힘들어합니다
　　　　2. 어제도 공무원 수십 명이 사표를 썼습니다

두 카피를 비교해 보십시오. 같은 말이지만 다르게 들립니다. 이것이 구체성의 힘입니다. 구체적인 카피는 감성과 이성을 함께 흔들어 효과를 얻어 냅니다.

학생들이 그린 카피

나는 카피라이팅 강의 때도 구체성이라는 말을 맨 먼저 꺼냅니다. 학생들 머릿속에 이 세 글자가 진하게 새겨질 때까지 최대한 과장하여 강조합니다. 카피 실습 때도 이런 문제를 맨 처음 냅니다.

<u>before</u> 연필심이 금방 닳지 않아 오래 쓰는 연필

이 카피를 구체적인 카피로 바꾸라고 합니다. 송곳을 들고 다시 쓰라고 합니다. 당신이라면 어떻게 바꾸시겠습니까? 다음은 내가 기억하는 학생들 카피입니다.

<u>after</u> 연필 한 자루로 팔만대장경을 쓰다
　　　　100년 연필
　　　　철수 아빠가 썼다, 철수가 쓴다
　　　　구두 굽도 놀란 연필
　　　　제 키는 12년 동안 12cm입니다
　　　　연필깎이는 타임캡슐에 넣어 두세요
　　　　나무를 살리는 연필

동해물이 말라도 백두산이 닳아도

구체적인 카피는 쉽습니다. 재미있습니다. 형용사나 부사 같은 수식어가 어지럽게 널려 있지 않고 명사가 문장의 중심을 꽉 잡아 줍니다. **구체성!** 1년에 삼백예순다섯 번 강조한다 해도 지나치지 않을 만큼 중요합니다. 그래서 이 연사, 이렇게 목이 터져라 같은 이야기를 거듭거듭 반복합니다. 죄 없는 이대호, 손흥민을 나이트클럽에 취직시켜 가면서까지 강조합니다.

지갑을 흔쾌히 열게 하는 카피를 쓰고 싶습니까? 눈에 쏙쏙 들어오는 기획서를 쓰고 싶습니까? 청중을 열광하게 만드는 연설문을 쓰고 싶습니까? 그 사람 마음을 한 번에 돌려놓을 연애편지를 쓰고 싶습니까? 그렇다면 당신이 할 일은 글자로 그림을 그리는 일입니다.

2 로미오와 성춘향의 결혼

낯설게, 불편하게 조합하십시오

익숙함과 편안함을 파괴할 것

before 아름다운 꿈

아름다운 여인

아름다운 금수강산

익숙한 조합입니다. 낯선 느낌이 조금도 들지 않습니다. 졸음, 하품, 취침으로 이어지기 딱 좋은 조합입니다. 하지만 우리는 하는 말의 90퍼센트를, 쓰는 글의 90퍼센트를 이런 익숙한 조합으로 만들어 냅니다. 그러고는 말이 진부하다, 글에 임팩트가 없다고 투덜거립니다. 익숙한 것은 편안합니다. 편안해서는 눈을 끌 수 없습니다. 어딘가 불편해야 합니다. 불편해야 눈이 모입니다.

after 아름다운 바퀴벌레

아름다운 고리대금업자

불편합니다. '어? 이게 무슨 소리지?' 하면서 반응이라는 것을 합니다. 편안하면 물 흐르듯 그냥 흘러가 버리지만 불편하면 그곳에 멈춥니다. 멈추는 그 순간이 바로 진부가 임팩트로 바뀌는 순간입니다. 그래서 나는 이렇게 말합니다.

낯설게, 불편하게 조합하라

글을 쓴다는 건 단어와 단어를 끊임없이 조합하는 행위입니다. 단어를 조합하여 문장이라는 것을 만들어 내는 행위입니다. 카피 역시 그렇습니다. 조합입니다. 조립입니다. 아이들이 장난감 레고를 조립하여 자동차도 만들고 비행기도 만들듯 단어를 조립하여 메시지를 완성하는 것입니다.

서로 어울리지 않는 것을 붙이십시오. 세상 모든 단어를 한 줄로 길게 세웠을 때 오른쪽 맨 끝에 설 것 같은 단어와 왼쪽 맨 끝에 설 것 같은 단어, 그래서 평생 만날 일이 없을 것 같은 단어를 핀셋으로 쏙쏙 뽑아 붙여 보십시오. 로미오에게는 성춘향을, 줄리엣에게는 이몽룡을 조합하십시오. 글의 힘, 카피의 힘은 낯선 조합에서 나옵니다. 익숙함과 편안함을 파괴하는 데서 나옵니다.

서울고속버스터미널 지하도에서

얼마 전 서울고속버스터미널 지하도를 걷고 있었습니다. 그렇고 그런 옷 가

이 사진은 달도 뜨지 않은 밤에 검은 옷 입은 사람이 검은 고양이를 뒤쫓아 뛰어가는 사진입니다. 아무것도 보이지 않게 하려면 이렇게 조합하십시오.

게 이름들이 줄지어 있었습니다. 그렇고 그런 음식점 이름들이 다투어 냄새를 피우고 있었습니다. 그런데 그곳에 내 걸음을 잠시 멈추게 한 가게가 하나 있었습니다. 식당이었습니다. 식당 간판엔 이렇게 적혀 있었습니다.

name   삼끼니

삼끼니? 뭐지? 아, 세 끼니라는 뜻이구나. 아침밥부터 저녁밥까지 해결해주는 식당이라는 뜻이구나. 문을 열고 들어갔습니다. 삼끼니라는 불편한 조합이 옷소매를 붙잡았기 때문입니다. 누가 이런 기특한 조합을 생각해냈는지 주인장 얼굴 한번 훔쳐보고 싶은 생각이 내 등을 밀었기 때문입니다. 음식 맛은 어땠냐고요? 일 끼니 먹은 것에 만족하기로 했습니다.

사람특별시

경제특별시 아닙니다. 교육특별시 아닙니다. 문화특별시 아닙니다. [사람특별시] 서울입니다. 특별시 앞에 경제, 교육, 문화를 붙이면 크게 낯선 느낌이 들지 않습니다. 언젠가 누군가의 입에서 나왔던 조합 같습니다. 하지만 사람과 특별시를 조합했더니 느낌이 달랐습니다. 낯설었습니다. 불편했습니다. '어? 아!' 하게 만드는 힘이 있었습니다.

오래전 서울시장 선거 때 쓴 한명숙 후보 슬로건°입니다. 후보는 겉치레 개발 대신 복지에 돈을 쓰겠다고 약속했습니다. 복지가 뭡니까? 사람에게 돈을 쓰는 것입니다. 그래서 서울특별시가 이제 곧 사람특별시가 된다고 했습니다. 비록 한명숙 후보는 아주 작은 표 차이로 낙선했지만 적지 않은 사람들이 이 슬로건만은 참으로 인상 깊었다고 입을 모았습니다.

인상 깊었다? 깨알 같은 자기 자랑이라고 피식 웃으셨을지 모르지만 정말입니다. 실은 대단했다, 압도적이었다고 말하고 싶은 걸 꾹 참고 이렇게 약소하게 표현했습니다. 앞으로도 이런 깨알들이 곳곳에서 튀어나올 것입니다. 이 책 끝까지 읽으시려면 이 정도 잘난 척은 받아 주셔야 합니다. 그래야 정신 건강에 별문제 없이 책을 마치실 수 있습니다.

얼마 후 서울시장 보궐선거 벽보에 비슷한 카피 한 줄이 붙었습니다. 여성 후보의 벽보였습니다. 그녀의 슬로건은 [생활특별시]. 내 반응은 반가

• **slogan** 기업이나 상품의 특징을 짧은 말로 표현한 카피. 흥미롭고 기억하기 쉬우며 의미가 명확하고 독창적이어야 한다.

움 반 아쉬움 반. 사람특별시와 같은 조합이라 반가웠고 낯설게 조합해야 한다는 생각까지는 미치지 못해 아쉬웠습니다.

서울 주세요

서울시는 서울 안에서 생산된 우리 중소기업 제품에 '서울메이드'라는 뚜껑을 붙여 줍니다. 자, 서울메이드라는 브랜드를 사는 건 어떤 의미일까요? 나는 그것이 서울의 문화를, 서울의 기술을, 서울의 정신을, 서울의 역사를, 서울의 미래를 구입하는 거라 생각했습니다. 단순히 옷 한 벌, 화장품 하나 사는 게 아니라 서울이라는 거대한 도시를 통째로 사는 느낌이 든다면 소비자의 어깨는 우쭐 올라갈 것입니다.

copy   서울 주세요!

서울메이드 캠페인 슬로건[*]입니다. 이 카피의 매력은 생산자 주장이 아니라 소비자 목소리라는 것입니다. 수많은 소비자가 이 한마디를 합창하는 느낌. 또 다른 매력은 카피의 뚱딴지같음에 있습니다. 서울 주라니. 서울을 사겠다니. 서울이 사고파는 물건인가? '서울'과 '구매'의 불편한 조합이 귀를 강하게 때립니다. 라디오 광고를 들어 보시지요. 어떻게 조합해야 카피에 힘이 붙는지 알 수 있는 썩 괜찮은 공부 자료입니다.

copy   서울 한 개 주세요!
        서울 한 그릇 주세요!
        서울 한 벌 주세요!
        서울 한 송이 주세요!
        서울 한 곡 주세요!
        서울 한 시간 주세요!
        서울 한 잔 주세요!

        보이는 상품에서 보이지 않는 상품까지
        서울이 만들고 세계가 함께 쓰는 서울메이드
        현재가 만들고 미래가 함께 쓰는 서울메이드

        서울 주세요!

• campaign slogan 캠페인을 이끌고 가는 슬로건. 캠페인의 방향이나 전략을 대체하는 카피 한 줄.

서울메이드

가끔 무슨무슨 협회 같은 곳에서도 연락이 옵니다. 대한의사협회 카피를 쓴 적도 있습니다. 정부가 강행하려는 원격의료 정책을 반대하는 캠페인*이었습니다. 원격의료란 화상 진료를 허락하겠다는 것입니다. 앞으로는 결국 이 길로 가겠지만 아직은 준비가 덜 되었다는 것, 그래서 오진 가능성이 크다는 것, 그래서 의사들은 결코 동의할 수 없다는 말을 해야 했습니다.

머리띠 두르는 과격한 모습은 보여 주기 싫었습니다. 의사답게! 스마트하게! 믿음직하게! 하지만 단호하게! 이런 캠페인을 만들고 싶었습니다. 문제는 전달할 메시지가 [반대]라는 점이었습니다. 반대라는 단어는 부정, 배타, 투쟁, 집단 이익 같은 말을 떠올리게 합니다. 반대를 외치되 이런 부정적인 느낌을 누그러뜨릴 언어 조합을 찾아내야 했습니다.

copy 좋은 반대
      옳은 반대
      착한 반대

이 세 가지 조합이 내가 찾은 낯선 조합입니다. 부정적인 느낌이 조금은 누그러졌나요? 나는 이 헤드라인 세 개로 포스터 석 장을 만들자고 했습니다. 병원마다 세쌍둥이 같은 포스터 석 장을 나란히 붙이자고 했습니다. 반복과 규모로 메시지 전달력을 키우는 방법을 제안한 것입니다.

---

* **campaign** 광고 목표를 달성하기 위해 일정 기간 계획적, 지속적, 집중적으로 행하는 광고 활동.

지금은 스마트폰 하나로 모든 것을 해결하지만 예전엔 동영상을 보려면 PMP(Portable Multimedia Player)라는 물건을 따로 들고 다녀야 했습니다. 사실 그렇게 오래된 얘기도 아닌데 까마득하게 느껴지는 건 그만큼 IT 기술이 과속하고 있다는 반증이겠지요. 그땐 PMP가 얼마나 신기한 제품인지 설명하려고 이런 카피를 동원했습니다.

before 지하철에서도 동영상 강의를 들을 수 있는 물건
       설악산에서도 최신 영화를 감상할 수 있는 물건

자, 이 카피를 각각 두 단어의 낯선 조합으로 만든다면, 그래서 세트를 만든다면 어떤 불편한 조합이 가능할까요?

after   휴대용 선생님
       휴대용 영화관

선생님을 손에 들고 다니다니! 영화관을 호주머니에 넣고 다니다니! 역시 머릿속에 그림이 쉽게 그려지는 낯설고 불편한 조합입니다.

IT 쪽 슬로건 하나만 더 예를 들어 보지요. 세계에서 가장 많이 팔리는 휴대폰이었지만 우리나라에만 들어오면 맥을 못 추던 노키아. 그 노키아가 우리나라에 처음 상륙했을 때 쓴 슬로건입니다.

copy   여보세요 혁명

만약 '전화 혁명' 또는 '통신 혁명'이라는 슬로건을 광고주에게 내밀었다면 너무 익숙한 조합이라는 이유 하나로 그 자리에서 구겨졌을 것입니다. [여보세요]와 [혁명]을 붙인, 문법에도 맞지 않는 카피가 관심을 끈 이유는 역시 불편한 조합이라는 것.

책 제목, 영화 제목

낯설다. 나는 이 말을 좋아합니다. 광고, 크리에이티브, 카피에 대한 정의가 수없이 많겠지만 내게 이것들의 정의를 묻는다면 나는 **낯설게 하기**라고 짤막하게 대답합니다. 낯설게 만드는 가장 쉬운 방법은 낯선 조합입니다. 익숙한 조합에서 가능한 멀리 달아나는 것입니다.

단어와 단어의 낯선 조합만 있는 건 아닙니다. 카피와 비주얼의 낯선 조합, 비주얼과 비주얼의 낯선 조합, 영상과 음악의 낯선 조합, 제품과 사용 장소의 낯선 조합, 모델과 모델의 낯선 조합……. 광고에 등장하는 모든 것들을 낯설게 갖다 붙일수록 주목도는 커집니다.

title	광활한 인간 정도전
	화요일의 두꺼비
	세상의 바보들에게 웃으면서 화내는 방법
	오래된 미래
	한여름의 방정식

베스트셀러 책 제목에서도 낯선 조합을 쉽게 찾을 수 있습니다. 광활한

대지가 아니라 광활한 인간입니다. 우물가의 두꺼비가 아니라 화요일의 두꺼비입니다. 웃으면서 화를 냅니다. 가까운 미래가 아니라 오래된 미래입니다. 한여름의 소나기가 아니라 한여름의 방정식입니다. 제목으로 승부한다는 책 역시 이런 불편한 조합을 끊임없이 시도합니다. 영화 제목이라고 다르겠습니까?

title   8월의 크리스마스

        살인의 추억

        우아한 거짓말

        거북이 달린다

        성실한 나라의 앨리스

박찬욱 감독 영화 〈친절한 금자씨〉에서 주인공 이영애가 던진 유명한 대사 기억하세요? 맞습니다. "너나 잘하세요." 만약 이 대사가 "너나 잘해" 또는 "당신이나 잘하세요"였다면 우리가 이 말을 기억해 줬을까요? 낮춤 말과 높임말의 불편한 조합이 이 대사의 힘 아니었을까요?

3 깍두기 썰듯 깍둑깍둑

바디카피*는 부엌칼로 쓰십시오

어지럽지 않게 글을 쓰는 법

나는 지금 이야기를 하고 있습니다. 오늘은 카피 이야기를 하고 있습니다. 하고 싶은 이야기가 있을 때 나는 늘 이렇게 책에 대고 합니다. 책은 묵묵히 내 이야기를 듣고 그대로 세상에 전합니다. 세상은 책이 들려주는 내 이야기에 반응이라는 것을 합니다. 때론 뜨거운 반응. 때론 차가운 반응. 때론 무반응. 그런 반응에 대한 내 반응은 다음 책입니다. 이것이 내가 세상과 소통하는 방법입니다.

책에 다 할 수 없는 이야기는 페이스북에 대고 합니다. 페이스북도 북(book)이니까요. 그곳에 그때그때 하고 싶은 시시콜콜한 이야기를 올립니다. '새 책 나왔습니다, 사 주세요.' 구걸도 합니다. 특별한 날엔 그날의 의미를 잊지 말자는 훈장님 말씀 같은 글도 올립니다. 한번은 페이스북에 올린 내 글을 누군가 공유했습니다. 공유하면서 이렇게 글을 달았습니다.

• body copy 광고의 몸통. 즉 본문에 해당하는 카피. 헤드라인이 시선을 붙잡으면 이를 받아 제품이나 서비스를 자세히 설명하고 설득하는 카피.

before 제 마음과 똑같은 정카피 님의 그분이 돌아가신 날 썼던 글을 공유해 봅니다.

무슨 말인지 이해하셨나요? 대충은 이해했지만 조금 어지럽다고요? 다시 집중해서 읽어 보시겠다고요? 읽지 마십시오. 다시 읽어도 글이 한눈에 들어오지 않을 것입니다. 이 글을 쓴 누군가는 글을 곧잘 쓰는 사람입니다. 생각을 글로 옮길 줄 아는 사람입니다. 그런데도 이런 글을 달았습니다. 방심이 부른 글일 것입니다. 그렇습니다. 글쓰기에 조금만 소홀하면, 글을 쓰면서 조금만 방심하면 누구나 아무렇지도 않게 이런 글을 씁니다. 그리고 이런 글이 왜 어지러운지도 모릅니다.

이 책을 읽는 당신도 이런저런 글을 써야 할 때가 있겠지요. 그 글을 읽는 누군가가 어지럼증을 호소한다면 기분 좋을 리 없겠지요. 자, 이 장에선 어지럽지 않게 글 쓰는 방법을 말씀드리겠습니다. 광고 본문에 해당하는 바디카피 쓰는 법입니다.

흥미

통일

단순

강조

설득

광고 관련 책은 바디카피 쓰는 법을 흔히 이 다섯 가지로 설명합니다. 물론 하나하나 다 중요한 팁입니다. 하지만 연필 들고 직접 바디카피를 쓸 땐 이것들을 어떻게 녹여 넣어야 할지 난감합니다. 머리로 외우면 그렇게 됩니다. 실전 투입이 어렵습니다. 그래서 나는 또 잘난 척하며 조금 다르게 이야기합니다.

쓰는 사람이 쓰기 쉽게, 아닙니다
읽는 사람이 읽기 쉽게, 맞습니다

글을 읽다 '지금 내가 뭘 읽고 있는 거지?' 하며 몇 줄 앞으로 되돌아간 경험, 누구나 있을 것입니다. 읽고는 있는데, 눈은 틀림없이 글자를 따라 달리고 있는데 내용이 머리에 들어오지 않을 때. 이럴 땐 어떻게 하십니까? 내 집중력을 탓하며 콩콩 머리를 쥐어박습니까? 푸하푸하 세수하고 돌아와 다시 책을 드십니까?

자책할 이유 없습니다. 이런 경우 대부분은 글을 읽는 당신 잘못이 아니라 글을 쓴 사람 잘못입니다. 작가 잘못입니다. 카피라이터 잘못입니다. 당신도 훗날 작가나 카피라이터가 될지 모릅니다. 그때 독자를 혼란스럽게 만들지 않으려면, 소비자를 혼동에 빠지지 않게 하려면 이것 하나는 꼭 기억하십시오.

잘게 썰어라

이것이 바디카피 쓰는 첫 번째 방법입니다. 글에 집중이 되지 않는 건 문장이 너무 길기 때문입니다. 복잡하기 때문입니다. 중문, 복문 마구 섞여 있기 때문입니다. 읽는 사람 신경 쓰지 않고 머리에 떠오르는 대로 글을 써 내려

갔기 때문입니다. 독자에 대한 서비스 정신이 실종되면 이런 글이 생산되고 유통됩니다.

이런 난감한 상황을 피하려면 글을 잘게 썰어야 합니다. 연필 대신 부엌칼을 들고 김밥 썰듯, 깍두기 썰듯 글을 썰어야 합니다. 짧은 문장이 툭툭 이어질 때 독자는 그 글을 읽는 데 부담을 갖지 않습니다. 부담이 없으니 쉽게 경쾌하게 툭툭 읽어 나갈 수 있습니다.

또 짧게 썰어 쓰는 것만으로도 흥미, 통일, 단순, 강조, 설득 같은 바디카피가 해야 할 일을 하는 데 도움을 줍니다. 질질 늘어진 카피가 단순할 리 없습니다. 압축을 포기한 카피에게 통일된 느낌을 기대하기 어렵습니다. 당연히 흥미롭지 않을 것이고 강조할 기회도 없습니다. 글이 어지러우니 설득력은 저절로 떨어집니다. 즉 바디카피 속에 흥미, 통일, 단순, 강조, 설득을 녹여 넣고 싶다면 일단 잘게 잘게 잘게 썰어 쓰는 일부터 해야 한다는 얘기입니다.

문장이 너무 길어진다 싶으면 그것을 **두 문장이나 세 문장으로 쪼개 보십시오.** 틀림없이 쪼개집니다. 마침표가 너무 늦게 나오면 글을 읽다 호흡 곤란을 일으켜 응급실에 실려 가는 사람이 나올지도 모릅니다. 앞서 소개한 누군가가 쓴 글. 한 문장으로 된 그 글을 잘게 썰면 어떻게 바뀔까요?

after   그분이 돌아가신 날 정카피 님이 쓴 글.

제 마음과 똑같습니다.

공유해 봅니다.

문장이 너무 길어진다 싶으면

그것을 두 문장이나

세 문장으로 나누십시오

툭툭 경쾌하게 읽으셨나요? 어지럽지 않으셨나요? 그랬다면 당신도 이렇게 글을 쓰십시오. 문장을 쪼개십시오.

두 여자 이야기

오래전 서울시장 선거 때 강금실 후보 카피를 썼습니다. 선거 결과와 관계

없이 참 매력적인 후보를 만나 후회 없이 일했던 기억이 지금도 생생합니다. 새벽 서너 시쯤 카피 쓰는 종이 위로 코피가 툭 떨어졌던 기억도 납니다. 그때 썼던 카피 중 그녀의 인생을 소개한 [두 여자 이야기]는 문장을 얼마나 잘게 썰어야 하는지 잘 보여 줍니다. 바디카피 강의를 할 때 나는 늘 이 두 여자를 모시고 갑니다.

copy   두 여자 이야기

한 여자가 있었다. 반장도 했다. 학생회장도 했다. 초·중·고등학교를 수석 졸업했다. 서울 법대에 들어갔다. 사법시험에 합격했다. 첫 여성 법무부 장관이 되었다. 외교통상부 여성인권 대사가 되었다. 아시아 미래를 짊어질 차세대 리더로 선정되었다. 1천만 서울시장 후보가 되었다.

또 한 여자가 있었다. 이름이 촌스러웠다. 가난했다. 등록금을 못 냈다. 울었다. 학교로 빚쟁이가 찾아왔다. 또 울었다. 운동권 남자와 결혼했다. 남편은 걸핏하면 구속되었고 그녀는 밥 먹듯 면회를 가야 했다. 아이를 갖고 싶었다. 실패했다. 남편은 사업에 실패했다. 남편 빚을 모두 떠안았다. 여전히 빚이 많다. 여전히 눈물이 많다.

상처가 많은 여자와 영광이 많은 여자. 두 여자는 강금실이라는 한 이름을 쓴다.

한 사람의 인생을 쓰라고 하면 대개 이렇게 씁니다. 강금실은 남쪽 끝 제주에서 찢어지게 가난한 집 딸로 태어났다. 어릴 때부터 유난히 총명했던 그녀는 어쩌고저쩌고……. 이렇게 성장 과정과 이룬 성과를 시간순으로 나열하기 쉽습니다. 읽는 사람 신경 쓰지 않고 마구 쓰면 이런 카피를 씁니다. 받은 자료 이렇게 오리고 저렇게 붙이며 써 내려가면 이런 카피가 나옵니다. 하지만 읽는 사람을 조금이라도 더 흥미롭게 만들겠다고 마음먹으면 카피 쓰기 전 설계부터 합니다. 신축 건물에 콘크리트를 쏟아붓기 전 골조 먼저 만드는 것과 같습니다.

나는 강금실의 인생을 살폈고 그녀에겐 영광도 많았지만 상처도 적지 않았다는 것을 발견했습니다. 한 여자가 두 여자처럼 느껴졌습니다. [두 여자 이야기]라는 헤드라인을 썼습니다.

바디카피도 시간순이 아니라 영광과 상처 두 단락으로 나누어야겠다고 생각했습니다. 설계라는 것을 먼저 한 것입니다. 그리고 그녀의 인생을 잘게 썰었습니다. 형용사나 부사 같은 수식어는 절제했습니다. 그래서 읽는 사람이 툭툭 쉽게 읽어 내려갈 수 있는 바디카피를 써냈습니다. 그녀의 인생을 시간순으로 나열한 카피와 결국 내용은 같았겠지만 조금 다른 흥미와 다른 울림을 줄 수 있었습니다.

물론 이 카피는 극단적으로 잘게 썰어 쓴 카피입니다. 그럼에도 불구하고 이렇게 쓰라고 권하고 싶습니다. 이런 느낌을 머리에 넣고 바디카피를 써야 그나마 슬리퍼 질질 끌며 비실비실 걷는 것 같은 카피에서 벗어날 수 있습니다.

수필이든 기사든 연설문이든

썰어 쓰는 일은 광고 바디카피에만 해당하는 팁은 아닙니다. 수필이든 기사든 연설문이든 우리가 쓰는 모든 글은 가능하면 이 썰어 쓰기에 집착하는 게 좋습니다. 물론 글이 너무 자주 끊겨 감정 몰입에 약간 손실이 있을지 모릅니다. 그럼에도 불구하고 잘게 썰라고 말하는 건 글은 읽혀야 하기 때문입니다. 읽히는 것이 무엇보다 우선이기 때문입니다. 글 하나를 더 봅시다.

before　2006년 어느 날 2002년 월드컵 경기 대한민국과 이탈리아 전을 재방송해 주는 줄 알고 그때 감동을 다시 느끼고 싶어 텔레비전 앞에 바짝 다가앉았는데 갑자기 주심으로 분장한 탤런트 임채무의 2 대 8 가르마와 레드카드 대신 그의 손에 들린 아이스바 하나가 눈에 보였다. 알고 보니 이는 축구 경기를 코믹하게 패러디한 광고였는데 이 광고는 방영된 다음 날 네이버 실시간 검색어 1위를 차지할 정도로 소위 대박이 터진 쇼킹한 CF였는데 광고 주인공은 바로 롯데삼강 돼지바였다.

일기일 수도, 수필일 수도, 기사일 수도 있는 이 글은 두 문장으로 되어 있습니다. 마침표 두 개를 사용했습니다. 이를 부엌칼 들고 깍두기 썰듯 썰면 어떻게 바뀔까요?

after　2006년 어느 날. 텔레비전은 2002년 월드컵을 재방송하고 있었다. 대한민국과 이탈리아 경기였다. 그때 감동을 다시 느끼고 싶었다. 텔레비전 앞에 바짝 다가앉았다. 그런데 갑자기 화면에 등장하는 탤런트 임채무. 2 대 8 가르마 주심으로 분장한 임채무. 그의 손엔 레드카드 대신 아이스바 하나가 들려 있었다. 속았다. 축구 경기를 패러디한 광고였다. 다음 날 이 광고는 네이버 실시간 검색어 1위를 차지한다. 소위 대박이 터진 쇼킹한 CF. 어떤 광고였을까? 바로 롯데삼강 돼지바였다.

열네 개 문장입니다. 마침표 열세 개와 물음표 하나를 사용했습니다. 하고자 하는 이야기에는 차이가 없습니다. 글의 양도 거의 같습니다. 하지만 읽는 사람이 쉽게 편하게 경쾌하게 읽을 수 있는 쪽은 아무래도 아래 글일 것입니다.

자, 이제 실습 시간입니다. 바디카피 쪼개기 실습입니다. 물론 당신이 실습을 했는지 내가 확인할 길은 없습니다. 하지만 실습한 척 어물쩍 넘어가면 얼마 못 가 난관에 부딪힐 것입니다. 좋은 말로 할 때 하십시오.

아래 바디카피는 K리그 관중이 되어 달라고 호소하는 카피입니다. 세 문장으로 된 꽤 긴 카피입니다. 부엌칼을 들고 다시 써 보십시오. 잘게 썰어 보십시오. 몇 개 문장으로 나눌 수 있을까요?

copy   축구에 열광하는, 심지어 축구 때문에 살인마저 저지르는 유럽이나 남미 어느 나라 못지않게 우리나라 사람들도 축구를 좋아하지만 경기장을 직접 찾아 자신이 좋아하는 팀을 응원하며 경기를 즐기는 일에는 무척 소극적입니다. 축구 팬들이 국내 프로리그인 K리그를 이렇게 계속 외면한다면 우리나라 축구는 10년 후에도 100년 후에도 대~한민국 함성 속에서 서로 껴안고 팔짝팔짝 뛰던 2002년 4강 신화를 기적이라는 이름으로 그리워하고만 있을 것입니다. 이번 주말 당신이 가족과 함께 경기장을 찾아 선수들 뛰는 모습을 직접 보며 뜨거운 박수를 보내 준다면 대한민국 축구는 당신이 보여 준 관심의 크기만큼 경기력이 올라 다음 월드컵에선 16강을 넘어 8강, 4강까지 넘볼 수 있을 것입니다.

4 일대일

소비자 한 사람과 마주 앉으십시오

조용필을 호출하며

조용필 노래 〈그 겨울의 찻집〉은 이른 아침 한 남자가 조용한 찻집을 찾는 장면으로 시작합니다. 아닌 밤중에 웬 조용필이냐고요? 바쁜 그를 이곳에 호출한 이유는 바디카피 쓰는 두 번째 방법을 말씀드리기 위해서입니다. 자, 노래는 잠시 접고 내 질문에 집중해 주십시오. 카피를 쓸 때 무엇보다 먼저 결정해야 할 것은 무엇일까요?

연필로 쓸까 만년필로 쓸까? 고딕체로 쓸까 궁서체로 쓸까? 앉아서 쓸까 서서 쓸까? 새벽에 쓸까 한밤중에 쓸까? 맨정신으로 쓸까 가볍게 한잔 걸치고 쓸까? 이런 것들일까요?

내가 지금 어디에서 어떤 자세로

누구에게 이야기하고 있는가

그렇습니다. 바로 이것부터 결정해야 합니다. 어디에서 어떤 자세로 누구에게. 이 그림을 머릿속에 그려 넣은 후 연필을 들어야 합니다. 이는 목소리 크기와 말투를 결정하는 중요한 전제입니다. 카피 느낌과 설득력을 좌우하는 아주 중요한 전제입니다.

여기는 잠실종합운동장 축구장. 이곳에 우리 타깃인 10만 소비자가 모였다. 나는 센터서클 한가운데 서서 마이크를 잡았다. 모두가 나를 주목한다. 이제 나는 10만 관중의 환호 속에서 연설을 내뿜는다.

이런 상황은 아닙니다. 이런 그림은 아닙니다. 이런 기분으로 카피를 쓰면 한 사람 한 사람과 대화할 수 없습니다. 한 사람 한 사람을 설득하기 어렵습니다. 주장과 웅변과 시끄러움만 가득할 뿐입니다. 머릿속에 조금 다른 상황을 그려야 합니다. 자, 조금 전 호출한 조용필을 다시 모셔 옵니다.

겨울 아침 조용한 찻집을 찾는다. 마른 꽃 걸린 창가에 자리 잡는다. 그녀를 기다린다. 그녀가 찻집 문을 열고 들어선다. 내 앞에 마주 앉는다. 그녀는 내가 사랑해야 하는 10만 소비자 중 한 사람이다. 두 사람 앞에 차가 놓인다. 나는 차를 홀짝홀짝 마시며 그녀를 설득한다. 내 사랑을 받아 달라고 설득한다. 조용한 설득이다. 집요한 설득이다. 진심을 담은 설득이다. 마침내 그녀가 고개를 끄덕인다.

이런 그림 속에 내가 놓여 있다는 생각으로 카피를 써야 합니다. 카피는 카피라이터 한 사람과 소비자 한 사람의 만남입니다. 1 대 10만의 만남이 아니라 1 대 1 만남 10만 개입니다. 10만이 아니라 한 사람을 상대하려면 다음 세 마디를 머리에 넣어 두십시오.

카피는 웅변이 아니라 대화
카피는 주장이 아니라 공감
카피는 강요가 아니라 설득

이 또한 지나가리라

〈지우개〉라는 글을 소개합니다. 찬찬히 읽어 보십시오. 잠실종합운동장 한가운데서 웅변하는 느낌으로 쓴 글인지, 조용한 찻집에서 그녀의 눈을 보며 쓴 글인지.

text 연필 있으세요? 지금 가장 싫어하는 사람의 이름을 쓰세요. 쓰셨나요? 이제 연필을 내려놓고 지우개를 드세요. 지우개로 방금 쓴 이름을 지우세요. 깨끗이. 지우개 똥은 훅 불어 날려 버리세요. 다시 연필을 드세요. 이번엔 5년 전쯤 가장 싫어했던 사람의 이름을 쓰세요. 쓰셨나요? 조금 전 지운 이름과 같은 이름인가요? 아마 다른 이름일 것입니다. 그렇습니다. 시간이 지우개입니다.

이 또한 지나가리라 하는 얘기입니다. 글은 이렇게 자근자근 써야 합니다. 상대와 눈을 맞추며 대화하듯 써야 합니다. 나 혼자 주장하는 게 아니라 내 앞에 앉은 사람에게 묻고 동의를 구하며 이야기를 풀어 가야 합니다. 상대가 일방적인 청자가 아니라는 느낌, 대화에 자신도 참여하고 있다는 느낌이 들도록 써야 합니다.

여러분 같은 복수보다 당신이나 너 같은 단수를 쓰는 게 나을 것입니다. 그래야 다른 누구도 아닌 바로 나에게 하는 말로 들립니다.

열두 시에 만나요 · 부라보콘

낮 열두 시엔 학교에 갑니다
밤 열두 시엔 학원에 갑니다

<u>copy</u>   열두 시에 만나요, 부라보콘

이젠 전설이 된 이 CM송의 주인공 해태 부라보콘. 하지만 CM송이 늙은
만큼 제품 이미지도 많이 늙었습니다. 아빠와 딸이 함께 가게에 들어가
면 아빠 혼자만 부라보콘을 잡습니다. 부라보콘은 아이스크림 헤비 유저
(heavy user)인 10대를 놓치는 안타까운 상황까지 몰리고 말았습니다. 그

래서 이 중늙은이 아이스크림은 청소년과 친해지려고 기를 쓰는 캠페인을 생각했습니다. 마주 앉아 이야기하듯 바디카피 풀어 가는 방법을 눈여겨보십시오.

copy   남자 친구 데려와라

부라보라고 외칠 줄 아세요?
죄송하지만 부라보가 아닙니다

건전한 이성 교제, 좋다고 하십니다. 남자 친구 있으면 데려오라고 하십니다. 그런데 데려오면 뭘 물어보실 건가요? 어디 사느냐. 아버지는 뭘 하시느냐. 반에서 몇 등이냐. 그리고 마지막엔 다짐을 받아 두시겠지요. 아직은 공부가 우선이니 대학 가서 본격적으로 사귀라고. 벌써부터 집안 따지고 학벌 따지는 사랑 가르쳐 주시고 싶다면 그건 전혀 부라보가 아닙니다. 존경하고 싶은 어른님! 우리 생각을 알고 싶으세요? 알고 싶다면 부라보콘 마주 들고 우리 얘기를 들어 주세요. 귀를 열어 주세요. 제발 혼자만 말씀하시지 말고요.

편지를 쓴다는 느낌
편지를 쓴다는 느낌도 좋습니다. 편지야말로 가장 긴 역사를 지닌 일대일 커뮤니케이션입니다. 속도에 미친 요즘도 손끝에서 손끝으로 전해지며 멸종되지 않은 사람 냄새 나는 커뮤니케이션입니다. **카피라이터가 소비자에게 연애편지를 쓴다는 느낌**으로 바디카피를 풀어 보십시오. 그 느낌은 그 겨울의 찻집에서 그녀와 마주 앉는 느낌이랑 크게 다르지 않습니다.

한때 '그린'이라는 소주가 있었습니다. 처음처럼이 있기 전 '山(산)'이라는 소주가 있었고 그전에 그린이 있었습니다. 그린에서 山으로, 山에서 처음처럼으로 바통을 이어받으며 진로라는 넘버원 브랜드를 힘겹게 상대하고 있습니다.

 국장님, 이번 그린소주 카피, 프리랜서에게 맡기는 건 어떨까요? 그게 좋겠다. 근데 누구랑 하지? 술 광고니까 정철카피랑 하는 게 낫지 않을까요? 그래, 연락해 봐. 이번엔 좀 싸게 하자고 해 봐! 광고대행사 국장과 대리 사이에 이런 대화가 오고 갔겠지요. 얼마 후 그린소주가 내게 왔습니다.

copy   그린을 열면 마음이 열립니다

캠페인 슬로건은 이렇게 부드럽게 잡았습니다. 지금도 그렇지만 그때도 소주는 부드러움으로 경쟁했습니다. 이 슬로건을 중심에 두고 정말 소주 한잔 생각이 간절한 상황을 그려 보여 주기로 했습니다. 나는 편지 쓰듯 바디카피를 썼습니다.

copy   아버지를 속였습니다

 작년 이맘때 나는 대학에 합격했습니다. 아버지는 나를 꼭 안

으며 축하해 주셨습니다. 그러나 모두 거짓이었습니다. 나는
나쁜 놈이었습니다. 내가 왜 그런 짓을 했을까요? 아버지를 실
망시켜 드리기 싫어서였습니다. 삼수해야 한다는 말을 차마 할
수 없어서였습니다. 그동안 나는 학교가 아니라 학원에 다녔습
니다. 도서관에 다녔습니다. 그렇게 1년. 이제야 아버지 앞에
진짜 합격증을 바칩니다. 지난 1년 불효를 용서해 주십시오. 오
늘은 내 거짓을 용서받고 아버지가 따라 주시는 그린 한 잔 철
철 넘치게 받고 싶습니다.

송파구 방이동 김정훈 씨가 아버지 김인덕 씨에게

자, 지난 장에서 말씀드린 바디카피 쓰는 첫 번째 방법. 한 번 더 확인합
니다. 위 바디카피는 모두 몇 개 문장으로 되어 있나요? 무려 열세 개 문
장입니다. 연필 대신 부엌칼을 들고 쓴 카피 맞습니다.

몇 년 전 한글날. 내가 한글에게 보낸 생일 축하 카피를 하나 더 보시지
요. 마주 앉은 사람에게 이야기하듯 바디카피를 쓰라고 했는데 한글에겐
그렇게 했습니다.

text 한글님, 고맙습니다

오늘도 나는 이 새벽 작업실에 앉아 당신을 만지작거립니다. 만약 당신이 없었다면
이 시간 내가 할 수 있는 일은 없었을 겁니다. 기껏해야 다시 잠들려고 낑낑대는 일.
아니면 손흥민 중계 없나 리모컨 누르는 일. 당신이 있어 기특한 새벽을 보냅니다. 당
신이 있어 글을 씁니다. 글을 써서 밥도 먹고 술도 먹습니다. 고맙습니다.

지난 1년 반 나를 쏟아부은 책. 가칭 사람사전. 다음 주면 탈고할 것 같습니다. 1천

한글님, 고맙습니다

2백 개가 넘는 단어에 당신을 넣고 빼면서 이 새벽과 잘 놀았습니다. 당신이 없었다면 시작할 수도 끝낼 수도 없었겠지요. 기역에서 히읗까지 한 글자 한 글자 모두 당신 덕분입니다. 정말 고맙습니다. 다음 주부턴 이 새벽 누구랑 놀지 벌써 걱정입니다.

한글날을 누구보다 고마워하는 사람 올림

대중에게 이야기하지 말고 한 사람에게 이야기하십시오. 주장하지 말고 대화하십시오. 강요하지 말고 공감을 찾아 던지십시오. 공감을 무기로 설득하십시오. 이야기는 당신이 하고 있지만 오히려 당신이 그 사람 이야기를 들어 주고 있다는 느낌이 들게 하십시오. 〈숲〉이라는 짧은 글을 덧붙입니다.

숲을 보려면
숲을 보지 마세요

text   숲을 보려면 숲을 보지 마세요.

        숲을 보지 말고 나무 하나하나를 보세요.

        나무 하나하나의 사연을 더한 것이 숲입니다.

        사람들을 알고 싶으면 사람들을 만나지 마세요.

        사람들을 만나지 말고 한 사람 한 사람을 만나세요.

5 더하기, 빼기, 곱하기, 나누기

사칙연산을 활용하여 맛을 살리십시오

카피라이터는 주방장입니다

카피에도 맛이 있습니다. 같은 메시지를 조금 더 짜게 조금 더 달달하게 조금 더 얼큰하게 얼마든지 다르게 전달할 수 있습니다. 맛없는 음식을 좋아하는 사람 없듯 맛없는 카피를 받아먹고 흔쾌히 지갑을 열 소비자도 없습니다. 이 장에서는 카피 맛에 대해, 맛을 내는 방법에 대해 이야기하려 합니다.

카피라이터는 주방장입니다. 말과 글을 재료로 소비자 입에 맞는 음식을 끊임없이 만들어 내야 하는 주방장입니다. 소비자에게 '이런 맛 예전엔 미처 몰랐지?' 하며 늘 새로운 맛으로 혀를 깜짝 놀라게 해야 하는 주방장입니다. 그것도 24시간 영업하는 식당 주방장.

주방장마다 자신만의 레시피가 있을 것입니다. 우리나라에 카피라이터가 1천 명 있다면 1천 가지 레시피가 있겠지요. 그 모든 레시피를 다 알 수는 없는 일입니다. 내게 그걸 내놓으라 하시면 나는 이쯤에서 책 쓰는 일을 접어야 합니다. 내가 말씀드릴 수 있는 레시피는 딱 1천분의 1. 정철이라는 주방장 레시피뿐입니다. 간에 기별도 안 가겠지만 그것으로라도 만족하신 다면 털어놓겠습니다.

나는 커피 맛을 내는 방법으로 네 가지 요리 도구를 사용합니다. **더하 기, 빼기, 곱하기, 나누기.** 사칙연산입니다. 초등학교 때 배운 그것입니다. 커 피를 썼는데 맛이 조금 섭섭하다 싶으면 초등학생으로 돌아가십시오.

더하기

소프트웨어저작권협회 캠페인을 만든 적이 있습니다. 정품 소프트웨어 사용 캠페인이었습니다. 불법 소프트웨어를 쓰면 회사 문 닫을 만큼 엄청 난 벌금을 때려 맞게 된다. 그러니 그 회사 사장은 언제 들킬지 몰라 조 마조마하여 금세 머리가 다 빠지고 만다. 이런 바디카피 위에 올릴 헤드 라인, 처음엔 이렇게 썼습니다.

before 사장님을 대머리로 만드는 방법

재미있는 헤드라인이지만 맛이 섭섭했습니다. 야구로 말하면 한가운데 직구 같은 커피. 홈런 맞고 마운드에서 내려오기 딱 좋은 커피. 요리로 치 면 밍밍하고 간이 덜 된 요리. 양념을 더하거나 조금 더 끓이거나 어떻게 든 맛을 살려야 했습니다. 어떻게 살렸을까요? 정철이라는 주방장이 꺼 낸 요리 도구는 더하기.

사장님을 대머리로 만드는 방법

after   사장님을 홀랑 대머리로 만드는 방법

[홀랑]이라는 단어 하나를 더했습니다. 밍밍하던 맛이 조금은 발랄한 맛
으로 바뀌지 않았습니까? 카피가 두 글자 길어졌지만 오히려 더 리드미
컬해지지 않았습니까? 맛을 내는 건 이렇게 단어(또는 구절) 하나 더하는
것으로 가능합니다.

카피가 왠지 밋밋하다 싶으면 주방장 마음으로 간장 한 술, 양파 한 조각, 마늘 한 쪽 더 넣어 보십시오. 양념 하나가 생각지도 못한 변화를 선물합니다. 파리 날리던 식당에 손님이 줄을 서거나, 당신을 스카우트하려는 다른 식당 사장들이 당신 앞에 줄을 서거나.

copy   네, 금연입니다

얼마 전 공중화장실 벽에서 발견한 더하기 카피입니다. [네]라는 한 글자가 하는 말이 들리지 않습니까? 맞습니다. 당신이 잘 알고 있는 것처럼 이곳은 금연입니다. 우리는 당신이 이곳에서 담배를 꺼내 물지 않을 거라 믿습니다. 이런 말이 마구 들립니다. 무뚝뚝한 표정으로 벽에 붙은 '금연!'보다 훨씬 부드럽고 세련된 느낌. [네]라는 글자 하나가 메시지의 맛과 표정을 확 바꿔 놓은 것입니다. 프로 솜씨입니다.

양념 하나 더해 맛을 살리는 일은 카피에만 해당하는 요리법은 아닙니다. 〈발자국〉이라는 짧은 산문을 살펴보겠습니다. 이 글은 틀림없이 조금 심심할 것입니다. 조금 아쉬울 것입니다. 맛을 살려 주는 뭔가가 부족하기 때문입니다. 당신이 다시 써 보십시오. 양념 하나 첨가해 조금이라도 맛을 더해 보십시오. 바로 아래에 내 요리가 따라 나오지만 꾹 참고 1분 동안은 눈을 아래로 가져가지 마십시오.

before   걷는 동안엔 내 발자국을 볼 수 없다. 발자국을 봤다는 건 앞으로 걷는 일에 최선을 다하지 않고 자꾸 뒤돌아봤거나 뒤로 걸었다는 뜻이다. 발자국은 목적지에 도착한 후 돌아봐야 한다.

after   걷는 동안엔 내 발자국을 볼 수 없다. 발자국을 봤다는 건 앞으로 걷는 일에 최선을 다하지 않고 자꾸 뒤돌아봤거나 뒤로 걸었다는 뜻이다. 발자국은 목적지에 도착한 후 신발에 묻은 흙을 털며 돌아봐야 한다.

[신발에 묻은 흙을 털며]라는 구절 하나가 맛을 더해 주지 않습니까?

빼기

카피라이터들은 브로슈어 카피 쓰는 일을 싫어합니다. 귀찮아합니다. 피곤해합니다. 다른 매체 광고에 비해 상대적으로 빛이 나지 않기 때문입니다. 빛도 나지 않는 녀석이 적지 않은 시간과 집중력을 요구하기 때문입니다.

더 솔직히 말하면 카피라이터들은 브로슈어 카피를 겁냅니다. 짧은 글 만지는 게 익숙해져 수십 페이지씩 하는 긴 글 쓰는 일이 어느새 부담스러워졌기 때문입니다. 그래서 브로슈어 카피는 늘 신입 차지가 되곤 합니다.

그렇다고 신입 카피라이터가 섭섭해할 일은 아닙니다. 누구나 그런 폼 안 나는 카피와 씨름하는 시간을 견딘 후 카피 좀 쓴다는 카피라이터가 되는 거니까요. 브로슈어 카피가 내게 던져지면 인상부터 쓰지 말고 오히려 그것을 내 실력과 감각을 키울 좋은 기회라 생각해 버리십시오. 기꺼이 밤을 새우십시오. 집중력, 지구력, 구성력, 문장의 일관성과 통일성, 취할 것과 버릴 것을 구분하는 능력이 하룻밤 새울 때마다 당신의 카피 근육에 차곡차곡 쌓일 것입니다. 이것들은 누가 가르쳐 줘서 배우는 게 아니라 홀로 씨름하면서 배워지는 것입니다.

나는 지금도 브로슈어 카피를 씁니다. 수십 페이지씩 하는 그 피곤한 카피를 씁니다. 곁에 후배 카피라이터가 없어서 그렇기도 하지만, 프리랜서는 바디카피 마지막 줄 마침표까지 자신의 이름을 걸고 찍어야 한다는 게 내 생각이라 그렇게 합니다. 말이 길어졌네요. 다시 카피 맛에 집중합니다.

충청남도 브로슈어. 충청남도가 하는 일을 분야별로 4페이지씩 줬습니다. 분야마다 헤드라인이 필요했습니다. 브로슈어 헤드라인은 일정한 톤과 흐름을 갖는 게 중요합니다. 그래야 어지럽지 않고 또 통일감을 갖는 책 한 권이 됩니다. 각 분야 헤드라인, 처음엔 이렇게 썼습니다.

before   행정, 도민의 목소리를 듣습니다
        농업, 전문가와 경쟁력을 키웁니다
        교육, 학생이 행복한 학교를 꿈꿉니다
        경제, 더 많은 일자리를 만듭니다
        복지, 삶의 질을 한 뼘 더 높입니다
        문화, 우리 역사의 흔적을 찾습니다
        생활, 세종시를 반드시 건설해 냅니다
        환경, 지구가 준 선물을 지킵니다

나름 짤막하게 잘 정리한 것처럼 보입니다. 하지만 역시 맛이 조금 섭섭

합니다. 찌개에 돼지고기, 소고기, 닭고기가 한꺼번에 들어가 담백한 맛이 나지 않는 그런 느낌. 이번엔 더하기가 아니라 빼기입니다. 돼지고기든 닭고기든 건져 내고 맛을 다시 봅시다.

after   행정, 듣습니다

          농업, 키웁니다

          교육, 꿈꿉니다

          경제, 만듭니다

          복지, 높입니다

          문화, 찾습니다

          생활, 해냅니다

          환경, 지킵니다

맛이 담백해졌습니까? 그렇습니다. 때로는 생략이 맛을 살립니다. 때로는 생략이 더 많은 이야기를 합니다. 메시지 전달에 집착하지 말고 과감하게 생략하여 리듬과 흐름을 만드는 작업. 솜씨 좋은 주방장은 이런 음식도 잘 만듭니다. 메시지 전달이 허전하다 싶으면 서브헤드˙라는 보조 요리를 곁들여 보충 설명을 해 주면 됩니다. 서브헤드 이야기는 잠시 후 나누기에서 자세히 말씀드리겠습니다.

copy   우리, 모두, 함께

˙ subhead 헤드라인 아래에 붙는 부제. 헤드라인에서 미처 다 말하지 못한 메시지를 보완하는 역할을 한다.

문재인 대통령 당선사례 현수막 카피입니다. 단어 세 개만 큼직하게 키우고 나머지 하고 싶은 말은 다 뺐습니다. 다 뺐지만 들리지 않습니까? 선거가 끝났으니 우리 국민 모두가 갈등 내려놓고 함께 힘을 모아 더 좋은 나라 만들어 갑시다. 이런 말이 그냥 들립니다. 맛있게 들립니다. 빼기였습니다.

곱하기

소프트웨어저작권협회 카피를 다시 봅시다. 불법 소프트웨어 때문에 머리가 다 빠지게 생긴 사장님을 다시 모셔 옵니다.

before___ 사장님을 대머리로 만드는 방법

요리로 치면 밍밍하고 간이 덜 된 요리라 했습니다. 그래서 '홀랑'이라는 양념을 더해 맛을 살렸습니다. 하지만 방법이 이것 하나뿐인 건 아닙니다. 곱하기라는 방법도 있습니다.

　더하기가 밖에서 쓸 만한 놈을 데려와 쑤셔 넣는 일이라면, 곱하기는 쓸 만한 놈을 밖에서 데려오는 게 아니라 그 문장 안에서 찾습니다. 안에서 찾은 그놈을 곱하기 2 해서 두 번 사용합니다. 즉 한 문장에 같은 단어(또는 구절)를 두 번 사용함으로써 맛을 살리는 방법입니다. 반복의 맛입니다. 대머리 사장님 카피는 곱하기라는 연산을 거치면 이렇게 바뀝니다.

after___ 사장님을 대머리님으로 만드는 방법

때로는 생략이 맛을 살립니다
때로는 생략이 더 많은 이야기를 합니다

사장님. 대머리님. 님 곱하기 2. 이렇게 [님]을 반복함으로써 리듬도 살고 맛도 달라집니다. 당신이 이 헤드라인을 보고 미소를 지었다면 그건 순전히 곱하기가 한 일입니다.

얼마 전 누나가 하는 어린이집에 들렀습니다. [배울학] 어린이집. 배울학은 처음엔 논술 학원 이름으로 지어 줬는데 이젠 어린이집 이름이 되어 있었습니다. 학원 마당엔 아이들을 실어 나르는 노란 버스가 서 있었습니다. 버스 옆면에 붙은 한 줄 카피가 눈에 들어왔습니다. 맛이 좋았습니다.

<u>copy</u> 공부보다 중요한 것을 공부합니다

누나에게 카피 잘 썼다고, 맛이 좋다고 칭찬해 줬는데 누나가 깔깔 웃습니다. 왜 웃느냐 물었더니 몇 년 전 내가 써 준 카피라고 했습니다. 한심합니다. 내 새끼도 몰라보다니. 그런데 내가 왜 이 카피를 맛 좋은 카피라고 했을까요? 그렇습니다. 역시 공부 곱하기 2였기 때문이지요.

LG 직수형 정수기. 정수기 속에 저수조가 아예 없어 고인 물을 마실 염려가 없는 정수기입니다. 늘 방금 도착한 신선한 물을 마실 수 있는 정수기입니다. 세상에서 가장 맛없는 카피로 이 제품을 소개한다면 어떻게 쓰시겠습니까?

<u>before</u> 늘 깨끗한 물을 마실 수 있는 정수기

최고입니다. 나는 이보다 맛없는 카피를 쓸 자신이 없습니다. 그래서 그냥 맛있는 카피를 보여 드립니다. 내 요리 도구는 역시 곱하기. 시간 곱하기 2입니다.

after 2023년 5월 3일 오전 8시 35분에 마시는 물은
2023년 5월 3일 오전 8시 35분에 태어난 물이어야 한다

정치를 교체하라. 시대를 교체하라. 세상을 교체하라. 교체라는 단어만큼 정치 슬로건에 자주 등장하는 말도 없을 것입니다. 그런데 뚜껑을 열어보면 대부분 실망스러운 교체였습니다. 대충 교체. 무늬만 교체. 시늉만 교체. 그래서 교체라는 말의 신선도는 뚝 떨어졌습니다. 이젠 이 말을 포기해야 할까요? 아니요, 쓰고 싶으면 써야지요. 써야 한다면 써야지요. 나는 선거에 출마하는 신인 후보에게 곱하기 슬로건을 제안했습니다.

copy 교체를 교체하라

이번에도 무늬만 교체를 생각하고 있다면 당장 꺼지라는 호통입니다. 교체에 대한 고리타분한 상상력마저 싹 교체한다는 선언입니다. 그리 신선하지 않은 교체라는 말을 신선하게 만든 기술은 바로 곱하기였습니다.

사실 이런 곱하기 카피를 처음 보는 건 아닐 것입니다. 당신이 곱하기라는 것을 인식하지 못한 채 그냥 맛이 좋다 생각했던 카피 중에 이런 카피가 적지 않습니다.

copy 밥보다 더 맛있는 밥 (햇반)

볼을 바꾼 볼 (캘러웨이)

집중에 집중하다 (현대캐피탈)

당신의 생각을 생각합니다 (일룸)

아이폰이 아니라는 건 아이폰이 아니라는 것 (아이폰)

나누기

마지막은 나눔으로써 맛을 살리는 방법입니다. 이 방법은, 길어지는 것을 늘 경계해야 하는 헤드라인을 놓고 말씀드리겠습니다. 헤드라인은 광고 성패의 70퍼센트를 좌우한다고 합니다. 그런데 이 한 줄이 너무 길면 한눈에 메시지가 들어오지 않습니다. 미간에 주름 만들며 신경 써서 읽어야 겨우 뜻이 들어옵니다.

　하지만 광고에 충분한 시간을 투자하는 사람은 없습니다. 광고는 보고 싶어 보는 게 아니라 보이니까 보는 것입니다. 그것도 아주 짧은 순간 광고에 머물다 금세 눈을 옮깁니다. 그 짧은 순간에 소비자를 붙잡으려면 헤드라인의 뜻이 순식간에 눈에, 머리에 들어와야 합니다. 그래서 짧을수록 좋다고 하는 것입니다. 헤드라인이 길다 싶으면 나누기를 생각하십시오. 헤드라인과 서브헤드 또는 오버헤드*로 쪼개어 역할을 분담시키십시오.

라면은 간식입니다. 라면에게 한 끼 책임지라고 명령하려면 찬밥이라도 한 그릇 말아 주어야 합니다. 그래? 그럼 쌀로 라면을 만들면 되지. 시크

---

* **overhead** 헤드라인 위에 붙는 부제. 서브헤드처럼 헤드라인에서 미처 다 말하지 못한 메시지를 보완하는 역할을 한다.

한 삼양라면은 쌀라면을 만들어 버렸습니다. 이 신제품 헤드라인을 써야 했습니다. 이렇게 썼습니다.

before 쌀로 만든 삼양 쌀라면, 든든한 한 끼 밥이 됩니다

헤드라인치고는 조금 깁니다. 신제품이라 브랜드네임도 넣고 싶고 제품이 주는 편익도 넣고 싶어 욕심을 부렸더니 길어졌습니다. 길어진 만큼 카피 맛도 섭섭합니다. 라면도 음식인데 맛이 섭섭하다니요. 그대로 갈 순 없습니다. 어떻게 해야 할까요?

　나눴습니다. 헤드라인과 서브헤드로 나눴습니다. 이 카피의 핵심 메시지는 무엇일까요? 밥이 된다는 것. 생긴 건 라면이지만 밥 한 끼가 된다는 것. 나는 밥을 헤드라인으로 올리고 나머지를 서브헤드로 내려 역할을 나눴습니다.

after (헤드) 밥입니다
　　　 (서브) 든든한 한 끼, 삼양 쌀라면

비주얼은 맛있게 끓인 라면 한 그릇. 라면을 보여 주며 밥이라 우기는, 비주얼과 카피의 불편한 조합입니다. 맛이 조금 살아났습니까? 헤드라인이 길다 싶으면 과감하게 나누십시오. 서브헤드나 오버헤드라는 카피가 존재하는 이유는 헤드라인을 짧게 만들기 위함입니다.

before 1년에 뺑소니 사고가 무려 23,410건이나 된다는 사실을 아십

니까?

자동차보험 광고 헤드라인입니다. 깁니다. 맛도 없습니다. 서브헤드를 활용하여 헤드라인을 짧게 만들고 싶습니다. 적어도 다음 세 가지 헤드라인이 나올 수 있습니다. 당신은 어떤 헤드라인을 사고 싶습니까?

after　(헤드) 아십니까?
　　　　(서브) 1년에 뺑소니 사고가 무려 23,410건이나 된다는 사실을

　　　　(헤드) 1년에 뺑소니 사고가
　　　　(서브) 무려 23,410건이나 된다는 사실을 아십니까?

　　　　(헤드) 무려 23,410건
　　　　(서브) 1년에 뺑소니 사고가 이렇게 많이 일어난다는 사실을 아
　　　　　　십니까?

더하십시오. 빼십시오. 곱하십시오. 나누십시오. 똑같은 발상에서 나온 똑같은 메시지가 전혀 다른 맛을 안겨 줍니다. 사칙에 더해 미분, 적분까지 활용하여 더 깊은 맛을 내고 싶다면 그렇게 하십시오. 내 레시피는 아직 거기까지 미치지 못했습니다. 기회입니다. 당신이 발견하십시오.

6 카피라이터가 가장 잘할 수 있는 일
말과 글 가지고 장난을 치십시오

엄숙주의와 결별하라

나는 열 권 이상 책을 썼습니다. 그런데 우리나라 밖에서 번역 출간된 책은 《내 머리 사용법》중국어판 딱 한 권뿐입니다. 나는 외화벌이에 도움이 안 되는 국내용 작가임이 분명합니다.

　내 책에 관심을 갖고 접촉해 온 외국 출판사가 아주 없었던 것은 아닙니다. 하지만 대부분 출간까지는 이어지지 못했습니다. 글이 허접해서일 수도 있지만 번역이 어렵다는 이유도 있었습니다. 책에 실린 글 상당수가 번역이 불가능하다고 했습니다. 말장난이 유난히 많아 번역할 도리가 없거나 번역한다 해도 원래 맛이 달아나 버린다고 했습니다. 인정했습니다.

말장난을 흔히 언어유희라는 고상한 말로 포장해 신분을 격상시키려 애쓰지만 나는 말장난이라는 말이 좋습니다. 그런 글을 쓸 땐 정말 장난하듯 쓰니까요. 우리말을 주재료로 요리를 만드는 카피라이터라면 이 재미있는 장난을 놓쳐서는 안 됩니다.

넌 못해.
넌 못할 거야.
넌 못할 줄 알았어.

가슴에 못을 박는 말입니다. 못은 가슴이 아니라 벽에 박는 물건입니다.

먼저 〈못〉이라는 글을 봐 주십시오. 만약 이 글을 다른 나라 말로 번역해 낼 천재가 있다면 나는 그를 평생 업고 다닐 수도 있습니다.

text   넌 못해.

넌 못할 거야.

넌 못할 줄 알았어.

가슴에 못을 박는 말입니다.

못은 가슴이 아니라 벽에 박는 물건입니다.

왕년에 말장난 좀 해 본 사람은 못을 보는 순간, 이 단어가 지닌 두 가지 뜻을 만지작거리며 이를 어떻게 요리할까 궁리부터 합니다. 하지만 말장난에 붙은 장난이라는 두 글자가 거슬리는 사람은 10년을 끼적거려도 이런 글을 쓰기 어렵습니다.

말장난으로 재미를 주면서도 의미가 결코 가볍지 않은 글을 생산하십시오. 남의 눈을 의식하는 것이 괜한 걱정, 어설픈 엄숙주의라는 것을 알게 됩니다. 물론 말장난이 번뜩이는 말재주로 끝난다면 그건 낙서에 불과하겠지요. 하지만 전하고자 하는 메시지를 말장난과 절묘하게 연결한다면 그것도 훌륭한 크리에이티브가 됩니다.

조립

분리

발췌

중의

교체

리듬

이게 뭐냐고요? 내가 말장난할 때 사용하는 방법입니다. 말장난한 글을 모아 유형별로 분류했더니 이렇게 묶을 수 있었습니다. 어떻게 하는 말장난인지 하나하나 예를 들어 말씀드려 보겠습니다. 내 카피만으로 다 설명하기 어려워 짧은 산문 몇 편도 가져왔습니다. 카피에 적용하는 건 당신이 하십시오.

조립

함께 사는 세상이라는 주제로 글을 써 보세요. 누군가 주문합니다. 당신은 종이를 펴고 연필을 듭니다. 끙끙거리며 글을 씁니다. 이렇게 씁니다.

before 내 주위에 있는 한 사람 한 사람은 다 소중한 사람입니다. 한 사람도 놓치지 마십시오. 함께 살아가겠다는 마음을 가질 때 당신도 외롭지 않습니다.

재미도 없습니다. 울림도 없습니다. 글을 쓴다는 생각을 버리고 조립을 하면 어떻게 바뀔까요? 자, 먼저 골격을 만듭니다. 가. 나. 다. 이 세 글자를 세로로 줄 세우고 각각 다음에 올 말을 찾습니다. 가 다음엔 어떤 말이 좋을까. 붙였다. 뗐다. 붙였다. 뗐다. 그럴싸한 조립을 위해 이 단순한 행위를 하염없이 합니다. 그러다 이거다 싶은 것을 찾으면 한 문장 완성. 나도 이렇게. 다도 이렇게. 이렇게 조립하다 보면 〈가나다〉라는 글 한 편이 완성됩니다.

after 가, 라고 말하면

나, 혼자 남는다

다, 안고 가야지

붙였다. 뗐다. 이 행위에 문장력이 필요할까요? 통찰력이 필요할까요? 쓰는 게 아니라 노는 겁니다. 붙였다, 뗐다, 놀다 보면 저절로 글이 됩니다. 연필 쥐고 끙끙거리며 쓴 위의 글과 비교해 보십시오. 어떤 글이 리듬이 더 좋은지. 맛이 더 좋은지.

분리

조립과 반대되는 개념입니다. 단어 하나를 둘 또는 셋으로 쪼개 의미를 나누어 보는 것입니다. 분리를 위해 필요한 무기는 관찰입니다. 늘 만나는 익숙한 단어. 그냥 지나치지 않고 뚫어지게 바라보면 어느 순간 보이지 않던 것이 보입니다. 통화중이라는 말을 분리하면 부처님과 통화하는 스님이 보입니다. 〈헤어짐〉이라는 글이 분리의 대표적인 예일 것입니다.

text   좋을 땐 그 사람을 업고 다녀도 무겁지 않지만

싫어지면 그 사람의 머리카락 한 올도 짐으로 느껴진다.

이를 영어, 한글 합성어로 헤어짐이라 한다.

헤어짐이 느껴지면 곧 헤어진다.

나이키라는 단어는 어떻게 분리하고 싶습니까? 나이와 키로 자르시겠다고요? 퍼펙트. 이제 그 둘을 손에 쥐고 카피를 쓰든 글을 쓰든 하시면 됩니다.

발췌

발췌는 단어에서 일부를 떼어 내는 것입니다. 단어의 일부를 발췌하여 그것만 붙들고 노는 것입니다. 놀면서 그놈에게 새로운 의미를 붙이는 것입

니다. 이를 어떻게 설명해야 할까요? 음, 그러니까, 그게……. 쉽지 않군요. 그냥 그런 글을 보여 드리는 게 낫겠습니다. 〈프로와 아마추어의 차이〉라는 글을 보십시오.

text   아마추어는 늘 아마라는 말을 입에 달고 다닌다.

프로와 아마추어의 차이는 확신이다.

아마추어라는 단어에서 '아마'라는 단어를 발견한다면 누구나 쓸 수 있는 글입니다. 정말 그럴지도 모릅니다. 프로와 아마의 차이는 실력이나 경험이 아니라 확신. 아마추어는 늘 자신을 의심하고 스스로 위축되는 사람.

name   신세율

신세율? 뭐지? 신 씨 성을 가진 누구 이름인가? 아니면 새로운 세율을 뜻하는 국세청 용어인가? 신세를 한탄하는 국민 비율을 뜻하는 사회학 용어인가? 사전에도 안 나오는 단어잖아. 도대체 이게 무슨 말이지?

이런 반응을 유도하려고 메리츠증권에 제안한 주식거래시스템 이름입니다. 발췌로 지은 이름입니다. 자, 주식 투자를 왜 할까요? 돈 벌고 싶어서. 그렇습니다. 누가 뭐래도 주식 투자는 돈입니다. 건전한 경제를 위해 주식에 투자한다는 대답은 거짓말입니다. 그렇다면 거래시스템 이름도 돈을 상징하거나 돈 쪽으로 마구 달려가는 이름이 좋겠지요. 그래야 투자 목적과 딱 맞는 이름이 되겠지요. 신세율이 바로 돈입니다.

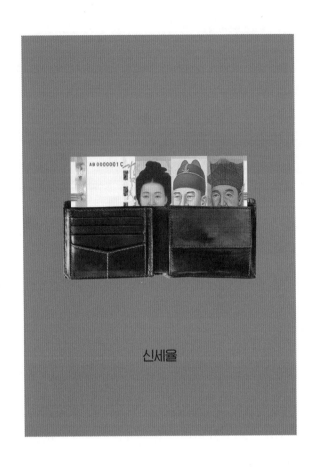

신세율

신사임당 (5만 원)

세종 (1만 원)

율곡 (5천 원)

대한민국 조폐공사 모델 세 분의 첫 글자를 발췌하여 연결한 이름. 이 이
름이 널리 알려지면 아들딸 이름을 세율로 짓는 부모가 늘어날지도 모릅

니다. 돈 많이 버는 이름이라며.

copy   결초보은

뒤꽁무니에 이런 글을 써 붙이고 달리는 깜찍한 초보운전을 본 적 있습
니까? 정말 멋진 발췌 아닙니까?

중의

중의법. 국어 시간에 들어 본 기억 있지요? 한 단어가 두 가지 이상의 뜻을 지니고 있을 때 이들을 비벼 말장난을 하는 것이 중의입니다. 사실 이 말장난은 아재 개그랑 많이 닮았습니다. 언어유희와 아재 개그의 차이를 아십니까? 없습니다.

LG 노트북 '그램'은 브랜드네임 하나 잘 지어 제법 효과를 본 제품입니다. 무게가 1킬로그램을 넘지 않는 980그램. 그 가벼움을 그램이라는 이름으로 알렸습니다. 브랜드를 알리면 그것이 곧 제품을 사야 하는 이유가 되었습니다.

하지만 그램에게도 고민은 있었습니다. 무게를 포기하지 않으려니 화면이 13인치에서 더 커지지 못했습니다. 소비자 불만도 그것이었습니다. 하지만 뜻이 있으면 길은 열리는 법. LG는 마침내 무게를 980으로 묶은 14인치 노트북을 개발해 냅니다. 나는 숫자 [14]와 소망을 담는 말인 [십사]를 연결한 말장난을 했습니다.

copy   키워 주십사.

무게는 그대로 두십사.

하여 고민 없이 선택하게 해 주십사.

십사!

14인치 노트북 그램 탄생!

2008년 광우병 파동 때 시민들은 신문 지면을 사서 촛불을 응원했습니다. 예스24 블로거 63명도 십시일반 돈을 모아 경향신문에 자그마한 돌출 광고를 실었습니다. 내가 카피와 아트를 책임졌습니다. 나는 종이컵 하나를 비주얼로 두고 용기라는 단어가 지닌 두 가지 뜻으로 말장난을 했습니다.

copy   종이컵에게

너는 물이나 커피를 담는 싸구려 용기였다. 환경에 부담만 주는 허접한 용기였다. 그러나 너는 다시 태어났다. 촛불을 담는 용기로 다시 태어났다. 아빠 손에 들린 너는 걱정이었고, 엄마 손에 들린 너는 기도였으며, 아이 손에 들린 너는 희망이었다. 이제 사람들은 네 이름 앞에 '싸구려'나 '허접한'이라는 수식어를 붙이지 않는다. 네 이름은 용기다.

교체

반값 등록금이 이슈가 된 적이 있습니다. 유력 대통령 후보 두 명 모두 이를 공약했지만 선거가 끝나고 이는 지켜지지 않았습니다. 학생들은 분노했습니다. 연일 광화문에 모여 집회를 했습니다. 나는 그들을 응원했습니다. 그들이 집회 현장에서 사용할 피켓을 만들어 주었습니다. 피켓엔 이런 카피가 적혀 있었습니다.

copy   반값습니다

아빠 손에 들리는 나는 걱정이었고
엄마 손에 들리는 나는 기도였으며
아이 손에 들리는 나는 희망이었다.

말장난입니다. [반갑] 대신 [반값]이라는 말을 교체 투입한 말장난입니다. 여기에서 핵심은 단어의 일부를 그것과 비슷한 녀석으로 교체한다는 것입니다. 그래야 장난하는 사람, 장난을 구경하는 사람 모두에게 재미있는 장난이 됩니다.

카피의 뜻은, 집회에서 처음 만나는 친구에게 이렇게 인사하며 서로를 응원하라는. 그곳을 찾아 주는 시민에게도 고마움을 이렇게 표하라는. 전투경찰에게도 고생한다는 위로와 함께 이렇게 인사하며 손을 내밀라는. 집회든 시위든 꼭 심각하고 비장해야 하는 건 아닙니다. 더 재미있어져도 됩니다. 더 유쾌해져도 됩니다.

70년 동안 끊어진 남북 철도. 우선 동해북부선부터 연결하자고 시민들이 팔을 걷고 나섰습니다. 시민 한 사람이 10만 원 상당 침목(枕木) 하나씩 기증하면 그 마음이 철로 아래에 깔립니다. 마음이 모이고 모여 남북 철도가 연결됩니다. 나는 슬로건 한 줄로 참여했습니다. 70년 동안 연결되지 못한 아픔을 침묵으로 규정했고 이를 침목으로 교체했습니다.

copy   70년 침묵을 깨는 침목

크리스마스에 눈이 오지 않는다면 '화이트 크리스마스'를 '화이팅 크리스마스'라고 표현해 보십시오. 아르헨티나 월드컵(2022) 우승을 축하하고 싶다면 '메리 크리스마스'를 '메시 크리스마스'라고 우겨 보십시오. 글자 하나 교체로 미소를 얻어 냅니다.

리듬

전주에 있는 우석대학교 카피. 대학이 학생에게 줄 수 있는 가치가 무엇일까 생각했습니다. 비전을 심어 주고, 비전을 향해 걷는 걸음에 힘을 실어 주고, 걸음 곳곳에 놓인 걸림돌을 치워 주는 일이 아닐까 생각했습니다. 대학이니 무게 잡지 않아도 된다고 생각했습니다. 말장난으로 풀었습니다. 헤드라인의 리듬을 봐 주십시오.

copy   (헤드) 우석대는 지렛대
       (서브) 더 높은 세상을 만나게 해 주는 대학

       (헤드) 우석대는 전봇대
       (서브) 더 밝은 내일로 이끌어 주는 대학

       (헤드) 우석대는 기상대
       (서브) 더 새로운 길로 안내해 주는 대학

우리는 광주의 비극을 경험했습니다. 발 동동 구르며 광주의 진실을 세계에 알리고 싶어 했습니다. 세월이 흘러 지금은 미얀마가 광주이고 우리가 세계입니다. 미얀마에 관심을 갖자는 카피, 이렇게 썼습니다.

copy   미안해 미얀마

비슷한 말로 리듬을 살리는 카피. 카피라이터 대부분은 이런 작업의 천재

들입니다. 리듬 이야기는 뒤에 따로 장을 만들어 더 자세히 말씀드리겠습니다.

말장난을 도와주는 교재

이쯤에서 말장난을 도와주는 교재를 알려 드립니다. 주 교재는 물론 지금 당신이 읽고 있는 이 책입니다. 소개하려는 책 두 권은 부교재입니다. 주 교재는 도서관에서 빌려 읽고 부교재는 돈 주고 사는 일은 없어야겠지요.

한 권은 **국어사전**입니다. 우리말을 가지고 놀겠다는 사람은 무조건 국어사전과 친해져야 합니다. 늘 손을 뻗으면 닿을 거리에 국어사전을 두십시오. 맞춤법이 헷갈릴 때, 단어가 가진 빈틈없는 의미를 알고 싶을 때, 첫음절이 '강'으로 시작하는 단어를 모조리 소환하고 싶을 때 펼치십시오.

내 국어사전은 책꽂이에 꽂혀 있는 날이 없습니다. 24시간 책상 위, 내 왼쪽 30센티 거리에 누워서 언제 있을지 모를 내 호출을 기다립니다.

또 한 권은 영한사전일까요? 아닙니다. **우리말 역순사전**입니다. 단어 첫음절이 아니라 끝음절을 살펴 가나다순으로 배열해 놓은 사전입니다. 카피라이터에겐 눈물 나게 고마운 사전입니다.

우석대처럼 '대'로 끝나는 세 음절 단어 지렛대, 전봇대, 기상대, 곰방대, 신세대, 낚싯대, 단두대, 독무대, 무한대, 생리대, 아열대, 예컨대, 잠꼬대, 장독대, 돌침대, 청와대, 해병대를 하나도 빠뜨리지 않고 모두 찾아 일러 주는 일은 국어사전이 할 수 없습니다. 역순사전에게 부탁해야 합니다.

7_ 산, 산, 산, 나무, 나무, 나무

반복하고 나열하십시오

육교 난간에 붙은 카피

정철의 고향은 항구도시 여수입니다. 여수에서 초등학교 중학교를 다니며 공부 좀 하는 아이로 인정받았습니다. 그런데 중3이 되자 그는 느닷없이 서울로 전학을 옵니다. 이놈은 크게 될 놈이라 믿은 부모가 무리해서 유학을 보낸 것입니다. 좋은 판단이 아니었지요. 아니, 허술한 판단이었지요.

어쨌든 그는 여수 밤바다를 뒤로하고 서울이라는 낯선 땅에 홀로 놓였는데 그의 첫 하숙집은 북아현동 언저리였습니다. 거기서 매일 버스를 타고 학교가 있는 돈암동까지 가야 했습니다. 큰길엔 육교가 있었습니다. 어느 날 학교 가는 길, 그는 육교 난간에 길게 붙은 표어를 보게 됩니다.

copy   산, 산, 산, 나무, 나무, 나무

충격이었고 감탄이었습니다. 아, 글을 이렇게 쓸 수도 있구나! 주어, 술어 제대로 갖추지 않고도 글이 되는구나! 까까머리 중학생은 이 한 줄 표어가 그렇게 신기할 수 없었습니다. 눈앞을 가리던 안개가 찬찬히 걷히는 느낌마저 받았습니다.

copy   우리 모두 나무 심어 금수강산 되살리자
       푸른 산에 복이 솟고 붉은 산에 재난 온다

이런 식목일 표어가 그가 아는 전부였습니다. 요즘은 이런 촌스러운 표어가 잘 보이지 않지만 그땐 이렇게 써야 표어가 되는 줄 알았습니다. 육교가 보여 준 접근은 상상도 못 했습니다. 명사 나열만으로 메시지를 만들고 행동을 유도하다니. 산, 산, 산마다 나무, 나무, 나무가 있어야 한다고 굳이 다 말하지 않아도 메시지는 힘 있게 마음의 문을 열고 들어왔습니다.

이 표어가 지닌 어떤 힘이 중학생 정철을 사로잡았을까요? 그것은 **반복**이었습니다. **나열**이었습니다. 반복과 나열이 만들어 내는 묘한 힘과 리듬이었습니다. 수십 년이 지난 지금도 그는 육교 난간에 붙은 그 표어를 잊지 못합니다. 그래서 그런지 자꾸 반복과 나열 기법을 사용해 카피를 쓰고 글을 씁니다.

copy   맥주, 4% 취합니다.
       막걸리, 8% 취합니다.
       와인, 12% 취합니다.
       소주, 16% 취합니다.
       위스키, 45% 취합니다.

음주운전, 99% 큰일 납니다.

공익 광고 카피입니다. 4퍼센트에서 45퍼센트까지 점층되다가 마지막 99퍼센트에서 살짝 반전을 주니 메시지에 힘이 붙습니다. 리듬도 살고 맛도 삽니다. 이렇게 써 보십시오. 반복하고 나열하십시오. 〈경제가 어려울 땐〉이라는 다음 글에도 반복과 나열이 보입니다. 반전도 보입니다.

text   술을 끊으세요. 커피를 끊으세요. 신문을 끊으세요. 전화를 끊으세요. 인터넷을 끊으세요. 영화를 끊으세요. 택시를 끊으세요. 쇼핑을 끊으세요. 끊고 끊고 다 끊으세요. 하지만 사람은 끊지 마세요. 사람을 끊으면 사랑도 끊어지니까요. 사랑이 끊어지면 희망도 끊어지니까요. 만약 사람을 끊어야 좋아지는 경제라면 차라리 경제를 끊으세요.

물론 카피가 쓸데없이 길 필요는 없습니다. 간결한 카피가 당연히 좋습니다. 하지만 반복과 나열이 카피 맛을 살리는 데 도움이 된다면, 전하려는 메시지에 힘을 보태 준다면 주저하지 말고 주절주절 늘어놓으십시오. 카피가 조금 길어지는 것쯤은 충분히 감수할 수 있습니다.

머릿속에 어떤 아이디어가 떠오르면 이를 한두 줄로 간결하게 표현할지, 반복과 나열로 공감과 재미의 폭을 넓힐지 먼저 판단하십시오. 그런 후 연필을 드십시오. 그 판단은 내가 해 드릴 수 없습니다. 당신 몫입니다.

아줌마, 났어요!

센추리에어컨이라는 제품이 있습니다. 한때 당구장 출입이 잦았던 사람이라면 덩치 커다란 세기에어컨을 기억할 것입니다. "아줌마, 났어요!" 외치는 당신을 통쾌한 바람으로 축하해 주던 그 에어컨 맞습니다. 영어 좀하는 사람은 그게 그거라는 걸 압니다.

그런데 이젠 상대가 누구입니까? 삼성입니다. LG입니다. 너무 센 녀석들입니다. 바람의 품질로 경쟁한다면 소비자가 코웃음을 칠지도 모릅니다. 하지만 대기업과 달리 에어컨 하나에 기업의 힘을 집중한다고 말한다면 소비자 마음을 움직일 수도 있을 거라 생각했습니다. 이런 카피를 썼습니다.

copy 텔레비전 만들고
      냉장고 만들고
      세탁기 만들고
      반도체 만들고
      남는 기술로 에어컨을 만든다?

      오로지 에어컨, 센추리

[만들고]를 반복해 카피가 조금 길어졌지만, 이 반복이 대기업의 방만한 집중력을 공격하는 데 도움이 되었을 것입니다. 센추리가 에어컨 하나에 모든 걸 쏟는 전문가 집단임을 알리는 데 힘이 되었을 것입니다. 애프터서비스 카피도 같은 흐름입니다.

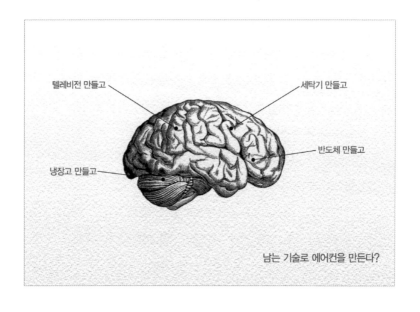

텔레비전 만들고

세탁기 만들고

반도체 만들고

냉장고 만들고

남는 기술로 에어컨을 만든다?

copy   텔레비전 고치고

냉장고 고치고

세탁기 고치고

반도체 고치고

남는 시간에 에어컨을 손본다?

오로지 에어컨, 센추리

철학과 인생과 욕심을 녹여 넣는 사람

대통령 후보 문재인의 슬로건은 [사람이 먼저다]였습니다. 직관적인 슬로건이라기보다 철학적인 슬로건이었습니다. 어렵다는 반응이 있었습니다. 슬로건이 어떤 의미인지 알리는 카피가 필요했습니다. 어떻게 썼을까요? 역시 반복과 나열이었습니다.

copy　사람을 맨 앞에 둔다

이념보다

권력보다

학력보다

경력보다

성공보다

성장보다

아파트보다

자동차보다

수출보다

물가보다

첨단기술보다

정상회의보다

승리보다

명예보다

사람이 먼저다

보다, 보다, 보다 반복으로 사람의 가치를 알렸습니다. 어려운 말 동원해

구구절절 설명하는 것보다 이런 반복과 나열이 훨씬 힘도 있고 맛도 좋다는 것을, 또 가장 쉽게 설명하는 방법이라는 것을 알 수 있습니다.

나는 이 카피를 10분도 채 걸리지 않아 다 썼습니다. 종이 위에 올려놓은 연필은 첫 줄에서 마지막 줄까지 조금도 쉬지 않고 움직였습니다. 정말 쉽게 가볍게 편하게 썼습니다. 이런 세상에서 살고 싶다는 생각이 간절했기 때문일 것입니다. 어쩌면 카피라이터는 아무도 모르게 광고에 자신의 철학과 인생과 욕심을 녹여 넣는 사람인지도 모릅니다.

글이 흘러가는 리듬에 몸을 맡기면

파타고니아라는 기업이 있습니다. 착한 제품을 만드는 착한 기업이랍니다. 철학이 다르답니다. 옷 한 벌 만들 때도 그 옷 한 벌이 지구에 미치는 영향을 생각한답니다. 이윤보다 먼저 생각한답니다. 정말 그런 기업인지 알 수는 없지만 이런 주장을 듣는 것만으로도 기분이 좋았습니다. 요즘 보기 드문 썩 괜찮은 기업이라는 생각이 들었습니다. 이 기업을 소개하는 카피, 나는 반복을 택했습니다.

copy   너무 많은 생각

        너무 많은 욕심

        너무 많은 경쟁

        너무 많은 승리

        너무 많은 정보

        너무 많은 유혹

너무 많은 생산

너무 많은 소비

당신을 힘들게 하는 것들

지구를 힘들게 하는 것들

꼭 필요한 것만

꼭 필요한 만큼

LIVE SIMPLY, 파타고니아

이 카피를 읽는 게 힘들었나요? 너무 많은 반복으로 카피가 길어져 집중력이 흔들렸나요? 반복과 나열은 오히려 쉽게 읽힙니다. 카피를 읽는 사람은 글이 흘러가는 리듬에 몸을 맡기기만 하면 됩니다. 조금 길어도 큰 저항 없이 머리와 가슴에 안착합니다.

지오다노라는 브랜드가 한국에 처음 상륙했을 때 경쟁 프레젠테이션에 참여했습니다. 이때 쓴 슬로건은,

copy   지구엔 지오다노

곱하기로 말맛을 살리며 세계적인 브랜드임을 은근히 알리는 슬로건이었습니다. 라디오 광고에선 캐치프레이즈˚ 딱 한 줄만 전달하자고 했습니다.

copy 세계가 입는다면 우리도 입을 수 있다

카피 구성은 어떻게 했을까요? 반복이었습니다. 남녀 성우 네 명을 모셨습니다. 녹음실 부스가 꽉 찼습니다. 네 명에게 꼬리에 꼬리를 물고 스피디하게 한마디씩 주고받으라고 했습니다. 결과는 어땠을까요? 대만족이었습니다. 경쾌해서 좋았고 처음 해 보는 시도라 신선해서 좋았습니다.

copy 세계가

입는다면

우리도

입을 수 있다

입는다면

세계가

우리도

입는다면

입을 수 있다

입을 수 있다

입는다면

입을 수 있다

세계가

입는다면

• catchphrase 마케팅 콘셉트를 강하게 소구하는 짧은 카피. 슬로건이 생각을 유도하고 반복해서 오래 사용하는 카피라면, 캐치프레이즈는 행동을 유도하고 비교적 짧은 기간 사용한다.

입는다면
우리도
입을 수 있다
세계가
우리도
입을 수 있다
입을 수 있다
세계가
입는다면
우리도
입을 수 있다

지구엔 지오다노

세계가

입는다면

우리도

입을 수 있다

8 지우개 과소비
쓴다, 지운다, 두 가지 일을 하십시오

연필을 드는 시간만큼 지우개를

　　카피 다 썼다

이 말은 무슨 뜻일까요? 하고 싶은 말을 다 해 더 할 말이 없다는 뜻이지요. 맞습니다. 아직 할 말이 남았다면 덜 썼다고 했겠지요. 그런데 하나 더 생각해야 할 게 있습니다. 다 쓴 것만으로는 다 쓴 게 아닙니다. 이제 겨우 절반을 쓴 것입니다.

　무슨 말이냐고요? 카피라이터는 두 가지 일을 하는 사람입니다. 하나는 **쓰는 일**. 또 하나는 쓰는 일만큼 중요한 **지우는 일**. 이 두 가지 일을 다 해야 다 썼다고 말할 수 있습니다. 이땐 자리 털고 일어나 술 마시러 나가도 됩니다.

카피를 쓴 다음엔 군더더기를 찾아 걸어 내는 일을 하십시오. 그래야 글이 간결해지고 조금이라도 짧아집니다. 걷어 내야 할 것은 단어 하나일 수도 있고 조사 하나일 수도 있고 한 구절일 수도 있고 한 문장 전체일 수도 있습니다. 문장부호일 수도 있습니다. 광고 한 편 전체일 수도 있습니다. **카피라이터는 연필을 드는 시간만큼 지우개를 들어야 합니다.**

G마켓은 다른 상품에 비해 디지털 쪽 매출이 뒤진다고 했습니다. 이를 만회하려는 광고를 준비했습니다. 지하철 광고였습니다. 브랜드네임인 [G] 가지고 말장난을 했습니다. 여기에서 주목할 것은 걷어 내는 작업입니다. 카피를 쓴 후 지우개를 들고 다시 읽었습니다. 다시 읽으며 회색으로 표시된 부분을 다 걷어 냈습니다.

copy   몰랐G?

G금껏 그랬지? G뢰 가득한 디G털 쇼핑몰 여기저기 기웃거리다가 G겹고 G루한 상품을 클릭했지? 그걸 마치 G푸라기라도 잡듯 잡고 눈물 뚝뚝 흘리며 G나친 비용을 G출했G? 괜찮아. G금부턴 G난 기억 못난 기억 다 G우고 G상 최고의 쇼핑몰 G마켓에서 없는 게 없는 디G털 제품을 G굿이 클릭해 봐. G천으로 널린 다양한 쿠폰과 G속적인 화려한 이벤트 선물을 G진이 나도 확실히 G원해 준다구! 그럼 오늘도 빠르고 편안한 G하철 여행이 되길 바라.

디G털도 G마켓이 G배한다

회색으로 표시된 부분을 걷어 내면 카피가 20퍼센트는 짧아집니다. 20퍼센트 짧다는 건 무슨 뜻일까요? 바디카피를 읽어 볼까 하는 마음이 20퍼센트 더 커진다는 뜻입니다. 카피를 끝까지 읽을 확률이 20퍼센트 더 올라간다는 뜻입니다. 물론 하고 싶은 말을 전하는 데는 큰 차이가 없습니다. 초벌 카피를 쓸 땐 충분히 쓰십시오. 그런 후 충분히 걷어 내십시오.

친구랑 길을 가다 엄마를 만나면
친구랑 길을 갑니다. 반대편에서 엄마가 걸어옵니다. 나는 활짝 웃으며 친구에게 엄마를 소개합니다. 어떻게 소개합니까?

인사를 드려. 우리의 엄마야.

이렇게 소개합니까? 뭔가 어색하지 않습니까? 우리는 조사를 생략한 말을 자주 합니다. 이를 구어체라 합니다. 그런데 글만 쓰라고 하면 조사를 붙듭니다. 그래서 평소 말할 때와는 다른 어색함을 만들고 맙니다.

입으로 쓰십시오. 읽는다는 느낌보다 누군가의 말을 듣는다는 느낌을 주는 글을 쓰십시오. 구어체는 익숙하고 간결합니다. 쉽습니다. 우리는 친구에게 이렇게 말합니다. "인사 드려. 우리 엄마야."

copy 대한민국 1%

내가 쓴 카피는 아니지만 잘 알려진 렉스턴이라는 자동차 슬로건입니다. 조금 이상합니까? 대한민국과 1% 사이에 '의'라는 조사가 들어가야 할 것 같습니까? 대한민국의 1%. 이렇게 써야 빈틈없다고 생각하십니까?

아닙니다. 조사 하나 때문에 슬로건은 늘어지고 비실비실 힘이 약해집니다. 당신이 성우라 생각하고 조사를 붙인 슬로건과 뗀 슬로건을 번갈아 낭독해 보십시오. 어떤 게 더 힘 좋은 슬로건인지 쉽게 확인할 수 있습니다.

카피 맛이나 힘에 걸림돌이 된다면 '은, 는, 이, 가, 을, 를, 의' 같은 조사는 걷어 내도 좋습니다. 그쯤은 세상이 용서합니다. 구어체 카피 쓰겠노라 마음먹었다면 망설이지 말고 조사를 날리십시오. 특히 '의'라는 조사는 일본말 잔재이기도 합니다. 나는 방금 [일본말의 잔재]라 하지 않고 [일본말 잔재]라 했습니다.

또 하나 중요한 팁은 접속사. **접속사는 가능하면 치워 버리십시오.** 불필요한 접속사 하나가 리듬을 끊고 카피 호흡을 방해하고 카피를 처지게

튀다

만듭니다. 접속사로 문장과 문장을 연결할 땐 그것을 빼고 소리 내어 읽어 보십시오. 의외로 생략해도 좋은 문장을 자주 발견할 것입니다. 걷어차 버리십시오.

text   **튀다**

흔히 개성 있는 사람을 튄다고 하지. 그런데 왜 그렇게 부르는지 아니? 개성은 고여 있는 게 아니니까. 자동차 바퀴에 빗물 튀듯 여기저기 튀니까. 그러니까 누군가의 개성이 내게 튀면 피하지도 씻지도 마. 그리고 그 개성에 나를 전염시켜 버려. 한동안 전염되어 있다 내 것이 아니다 싶으면 그때 버리면 돼. 개성의 시작은 모방이야.

이 글에도 걸어 낼 접속사가 있습니다. 찾으십시오. 그런데. 그러니까. 그리고. 이 세 개를 찾으셨습니까? 됐습니다.

copy   엄청난 제품 탄생!!!
        세상이 놀랐다!!??!!

헤드라인에 힘을 보태려 느낌표를 서너 개씩 찍는다거나 느낌표와 물음표를 마구 섞어 쓴 카피. 그래서 카피가 강해졌습니까? 번잡하게만 보일 뿐 메시지 전달에는 도움이 되지 않습니다. 오히려 방해가 됩니다. 억지이고 무리입니다. **불필요한 느낌표, 물음표, 따옴표, 마침표, 쉼표, 말줄임표 모두 군더더기입니다.**

나는 절반은 카피라이터 절반은 작가로 일합니다. 작가로 일할 수 있었던 건 《내 머리 사용법》이라는 책 덕분이었습니다. 책이 좋은 반응을 얻자 인생 이모작이 가능하겠다는 자신감을 얻었습니다. 독자들은 왜 이 책에 반응했을까요? 그건 카피라이터가 쓴 에세이는 뭔가 다르다는 느낌 때문이었답니다. 그 뭔가는 무엇이었을까요?

책 곳곳에 숨은 역발상일 수도 있습니다. 말장난일 수도 있습니다. 그러나 그것들보다 더 크게 귀에 들린 얘기는 글이 짧다, 간결하다, 군더더기가 없다는 평이었습니다. 오랫동안 카피라이터로 일하며 걸어 내는 훈련을 한 덕에 그런 얘기를 들을 수 있었을 것입니다. 그러니까 이 걸어 내는 작업은 다른 어떤 글쟁이보다 카피라이터가 잘할 수 있는 일입니다.

일단 카피를 쓰고 나면 지우개를 들고 다시 읽으십시오. 틀림없이 걸어 낼 구석이 보입니다. 걸어 냅니다. 걸어 낸 후 또 들여다봅니다. 또 군더더기가 보입니다. 또 걸어 냅니다. 이렇게 두 번 세 번 네 번 지우는 일을 해야 합니다. 카피라이터는 쓰는 사람이면서 지우는 사람입니다.

카피는 송곳으로 쓰라고 했습니다. 송곳을 다 사용했으면 그다음 손에 들어야 할 것은 스푼입니다. 스푼 들고 아이스크림 퍼내듯 군더더기를 퍼내야 합니다. 송곳과 스푼 두 가지 무기를 다 사용한 후 카피가 끝납니다.
　또 군더더기를 솎아 내려고 반복해서 글을 들여다보면 그전엔 보이지 않았던 것이 보이기도 합니다. 예를 들면 [변화를 원하신다면]이라고 쓴 카피. 처음엔 당연히 그렇게 가야 한다고 생각했는데 같은 카피를 세 번쯤 들여다보다 [변화에 찬성하신다면]이라는 표현이 더 나을 것 같다는 생각이 듭니다. 그 자리에서 고칩니다. 군더더기를 찾다 생각지도 않은 덤을 얻는 셈입니다. 즉, **반복하여 들여다보기는 자연스럽게 퇴고 역할도 한다**는 뜻입니다.

글도 그렇고 말도 그렇고

우리가 습관적으로 사용하는 말 중에도 걸어 낼 것이 적지 않습니다. 글

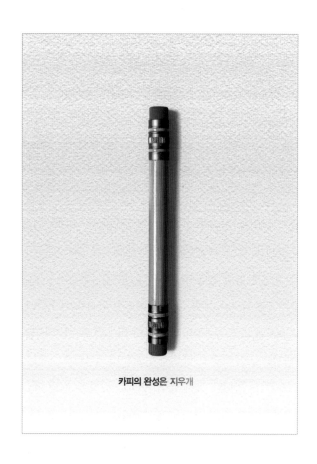

카피의 완성은 지우개

도 그렇지만 말도 길어서 좋을 건 없습니다. 말을 걸어 내고 걸어 내고 또 걸어 내면 뭐가 남을까요? 침묵이 남겠지요. 어쩌면 침묵이 가장 좋은 화법인지도 모릅니다. 그러나 입을 아주 닫고 살 수는 없는 일. 할 말은 해야지요. 하지만 불필요한 말은 걸어 내야지요.

나는 축구가 좋은 것 같아

나는 개인적으로 축구가 좋아

우리가 흔히 하고 흔히 듣는 말입니다. 괜찮나요? 혹시 나에게 닥칠지 모르는 비난과 후폭풍을 피하려는 비겁한 말 아닌가요? 나는 축구가 좋아. 이렇게 말해야 하지 않나요? 〈개인적으로〉라는 글을 읽어 보십시오. 글을 읽으며 내게도 걸어 내야 할 말 습관은 없는지 돌아보십시오.

text　개인적으로

나는 개인적으로 노란색을 좋아한다. 개인적으로 개나리를 좋아하기 때문이다. 개나리를 좋아하는 이유? 개인적으로 개나리에 얽힌 추억이 있기 때문이다. 고등학교 때 개인적으로 여학생을 사귀었는데 그녀 이름은 김나리. 나는 개인적으로 그녀를 개나리라 불렀다. 당시 내가 개인적으로 쓴 일기는 늘 그녀 이야기로 채워졌다. 그녀가 개인적으로 첫사랑이었는데 그때가 개인적으로 가장 행복했다.

누구는 단체적으로 개나리 좋아합니까? 누구는 단체적으로 여학생 사귑니까? 누구는 단체적으로 일기 씁니까? 개인적으로'라는 말을 모두 걸어 내고 글을 다시 읽어 보십시오.

어디선가 들은 이야기 하나 보탭니다. 어디선가 들었으니 주인공이 파스칼인지 링컨인지 확실치 않습니다. 그게 누구인지는 중요하지 않으니 파스칼이라 칩시다. 어느 날 파스칼이 지인에게 일고여덟 장쯤 되는 아주 긴 편지를 써 보냈습니다. 그리고 편지 마지막에 이렇게 한마디를 붙였습니다.

미안하네, 오늘은 시간이 없어 편지를 길게 쓰고 말았네.

졸지 않고 이 장을 읽었다면 파스칼의 마지막 말이 무슨 뜻인지 알아들었을 것입니다. 자, 오랜만에 카피 실습입니다. 앞서 내 드린 K리그 카피 숙제(51쪽)는 다 하셨겠지요? 숙제 안 하고 어물쩍 넘어가면 난관에 부딪힐 거라는 경고 기억하시지요? 지금이 그 난관입니다.

당신이 토막 낸 바디카피를 그대로 가져오십시오. 그것을 들고 군더더기를 걷어 내십시오. 걷어 낼 수 있는 건 다 걷어 내십시오. 군더더기 하나 없이 잘게 잘게 썰어 쓴 멋진 바디카피, 언젠가는 카피 교본에 실리고야 말 카피를 당신 손으로 완성하십시오. 지금.

미안하네, 오늘은 시간이 없어 편지를 길게 쓰고 말았네

9 도둑질을 권장함
경찰을 두려워하지 마십시오

건강 검진을 받았습니다

세월호 참사 1주기를 며칠 앞둔 때였습니다. 술 담배를 놓지 못하는 나는 늘 내 간과 장과 폐에게 미안해합니다. 주인 잘못 만나 고생하는 이들을 위해 내가 할 수 있는 일은 이따금 건강 검진뿐입니다.

시력검사. 크게 궁금하지도 않은 이 일을 그날도 했습니다. 동그란 숟가락을 한쪽 눈에 대고 시력표에 그려진 그림과 글자를 읽었습니다. 별일 없었습니다. 알고 있는 시력 그대로였습니다. 그런데 그 순간 내 머릿속에서는 별일이 있었습니다. 시력표를 패러디하면 근사한 포스터를 만들 수 있겠다는 생각이 나를 찾아온 것입니다.

그날 저녁 [세월호 시력표]라는 포스터를 만들었습니다. 시력표에 새겨진 그림이나 글자가 아래로 내려갈수록 희미해지듯, 세월호에 대한 우리 기억도 시간이 갈수록 희미해지는 게 아니냐고 묻는 포스터. 나비나 비행기 대신 배를 넣었습니다. 숫자도 참사 그날인 4와 16을 넣었습니다. 글자는 잊, 지, 않, 을, 게 다섯 글자로 바꾸었습니다. 이런 카피를 붙였습니다.

진실은 침몰하지 않는다지만
관심은 침몰하고 있는 건 아닌지

copy 진실은 침몰하지 않는다지만

관심은 침몰하고 있는 건 아닌지

이 포스터는 온라인에서 적지 않은 반향을 낳았고 언론은 기사를 만들어 다루기도 했습니다. 이를 대형 현수막으로 출력해 건물 외벽에 붙이는 사람들도 있었습니다. 시력표를 훔친 포스터였지만 경찰은 찾아오지 않았습니다.

훔치십시오

법정에 피고인으로 설 염려만 없다면 뭐든 훔치십시오. 훔쳐 와 아이디어 재료로 사용하십시오. **모방하고 패러디하십시오.** 법전, 역사, 문학, 노래, 책, 연극, 영화, 전설, 속담, 격언, 논문, 개그, 드라마, 만화, 뉴스, 광고, 그림, 사진, 조각, 화장실 벽에 붙은 낙서 다 좋습니다. 세상 모든 것은 내 크리에이티브 재료가 되기 위해 대기 중이라고 생각해 버리십시오. 남모르게 외국 광고를 베끼면 표절이지만 드러내 놓고 유명 영화를 베끼면 그건 패러디라는 이름으로 용서가 됩니다.

copy 여보, 중랑구청에 박종수 들여놔야겠어요

길거리 현수막에 이런 카피가 붙어 있다고 생각해 보십시오. 눈에 띌 것입니다. 물론 [여보, 아버님 댁에 보일러 놔 드려야겠어요]라는 경동보일러 카피 패러디입니다.

지방선거는 시의원, 구의원, 구청장, 시장, 교육감 등 수많은 후보가 한꺼번에 얼굴을 내밉니다. 어떻게든 눈에 띄지 않으면 후보 이름조차 알리기

여보, 중랑구청에
박종수 들여놔야겠어요

힘듭니다. 이 패러디 카피엔 후보 이름이 들어 있습니다. '아, 중랑구청장
후보로 박종수라는 사람이 나왔구나, 이 사람 재미있는걸!' 이 정도 반응
만 있어 준다 해도 절반은 성공일 것입니다. '중랑을 발전시킬 새로운 일
꾼' 같은 카피로는 이 같은 반응을 끌어내기 힘듭니다.

　박종수 후보에게 카피를 도둑맞은 경동보일러 기분은 어땠을까요? 경찰
에 신고했을까요? 경동보일러가 그렇게 쩨쩨한 기업은 아닐 것입니다. 박종

수 후보 패러디가 경동보일러를 한 번 더 머리에 떠올리게 해 주었으니 오히려 고마워했을 것입니다.

패러디의 즐거움

누가, 언제, 어디서, 무엇을, 어떻게, 왜. 기사 쓰는 여섯 가지 원칙. 이를 패러디해서 인생의 육하원칙을 만들어야지. 5W 1H라는 틀은 그대로 두고 단어만 비트는 거야. 이런 생각을 했다면 누구나 어렵지 않게 이런 글을 써낼 수 있습니다.

text   육하원칙

삶에도 육하원칙이 있다.

wind. 내 삶은 바람에 흔들리지 않는가.

world. 내 삶은 세계와 만나고 있는가.

wet. 내 삶은 타성에 젖어 있지 않은가.

way. 내 삶은 바른길로 가고 있는가.

waste. 내 삶은 시간 낭비가 아닌가.

human. 내 삶은 사람을 향하고 있는가.

간호사의 육하원칙을 써 보십시오. 공처가의 육하원칙을 써 보십시오. 삼겹살집 사장님의 육하원칙을 써 보십시오. 패러디는 즐겁습니다.

오래전 삼양라면도 패러디를 욕심냈습니다. 당시 홍콩 영화가 꽤 인기 있었는데 우리 젊은이들은 특히 왕가위 감독을 좋아했습니다. 영화 〈중경삼림〉 인기는 대단했습니다. 주인공은 양조위. 혼자 사는 그는 집에 돌아오면 집을 지키던 물건과 대화합니다. 비누에게 묻습니다. "너 왜 이렇게 말랐니?" 물을 뚝뚝 흘리는 수건에겐 이렇게 말합니다. "울지 마. 기운 내." 독신들은 그의 화법에 절절하게 공감했습니다.

삼양라면은 그 장면을 패러디하기로 했습니다. 홀로 사는 남자가 라면을 끓여 먹으며 라면에게 말을 거는 광고. 물론 왕가위 감독의 감각적인 영상과 양조위라는 배우가 라면 앞에 등장해야 패러디에 힘이 붙겠지요.

copy   뜨겁지?

        참아

        그게 니 운명이야

        대신 내가 너 하나만 좋아하잖아

        뭐가 그렇게 맛있냐고?

        맛있는 건 설명하는 게 아냐

        삼양라면

소비자는 무인도에 따로 살지 않습니다. 그들이 열광하는 것에 우리 제품을 갖다 붙이십시오. **인기, 유행, 관심**을 훔쳐 오십시오. 세상이 주목하는 이슈에서 멀어지면 그 광고 역시 누구도 주목하지 않는 쓸쓸한 광고가 되기 쉽습니다.

2000년 6월. 김대중 대통령이 평양 순안공항에 내리는 순간 우리 국민은 통일을 손에 쥔 것처럼 흥분했습니다. 모든 뉴스가 남북정상회담을 따라 다녔습니다. 정상회담 이슈를 훔친 광고가 신문을 도배했습니다. 한글과컴퓨터는 [남북정상회담 회의록은 어떤 소프트웨어로 작성할까요?] 같은 멋진 카피를 던졌고, 현대그룹은 [대통령님 잘 다녀오십시오.] 같은 멋대가리 없는 광고를 했습니다. 이런 재미있는 헤드라인도 있었습니다.

copy   백두에서 한라까지 양말부터 통일하자

싹스탑이라는 양말 광고 헤드라인이었습니다. 지팡이를 든 남자(누가 봐도 김대중 대통령 닮은)와 인민복을 입은 남자(누가 봐도 김정일 위원장 닮은)가 둘 다 컬러풀한 양말을 신고 나란히 서 있는 비주얼. 박수 치고 싶은 광고였습니다. 양말도 통일 이야기를 하는데, 온 국민의 관심과 기대와 감격과 흥분을 나 몰라라 하는 광고장이가 있다면 늦기 전에 다른 직업을 알아보는 게 좋을 겁니다.

젖은 손으로 제품을 만지면 젖습니다

《내 머리 사용법》이라는 책은 2015년 개정판이 나왔습니다. 개정판 앞머리엔 제품 사용 설명서가 붙었습니다. 전자제품에서나 볼 수 있는 깨알 같은 설명서를 패러디해 책에 붙인 것입니다. 양이 많아 일부만 발췌합니다. 패러디는 즐겁습니다.

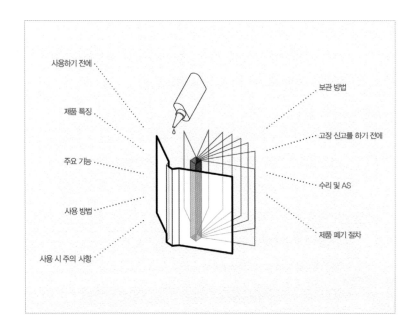

사용하기 전에 · · · · ·

제품 특징 · · ·

주요 기능 · · · · ·

사용 방법 · · · · ·

사용 시 주의 사항 · · ·

보관 방법

· · · 고장 신고를 하기 전에

· · · 수리 및 AS

· · · 제품 폐기 절차

text   사용하기 전에

    • 본 제품은 국내용입니다. 언어가 다른 국외에서 사용할 경우 곁에 통역관을 둬야 하는 불편이 있을 수 있습니다.

    • 본 제품은 도서관에서 빌려 볼 수도 있습니다. 하지만 개발자는 직접 구입하여 소장하는 쪽을 은근히 권장합니다.

    • 본 제품은 2009년 첫 출시된 같은 모델의 개정판입니다. 또 개정판이 나올지 모른다는 이유로 구입을 망설이지 마십시오. 더는 안 나옵니다.

    사용 방법

    • 본 제품엔 여백이 많습니다. 여백을 그때그때 떠오르는 당신의 생각으로 채워 가

며 사용하시면 더 큰 효과를 볼 수 있습니다.

• 제품을 정해진 용도 이외 다른 용도로 사용하지 마십시오. 냄비 받침으로 쓴다거나 아이 머리를 타격한다거나 비상금을 넣어 둔다거나.

사용 시 주의 사항

• 한번 사용하면 시도 때도 없이 다시 펼쳐 보고 싶은 증상이 나타날 수 있습니다. 중독입니다. 하지만 당신만 그런 게 아니니 병원을 찾을 필요는 없습니다.

• 지하철 등 공공장소에서 제품을 펼치면 옆 사람이 당신 곁에 바짝 붙을 수 있습니다. 당신에게 호감이 있어 그런 게 아니니 착각하지 마십시오.

• 젖은 손으로 제품을 만지면 젖습니다.

• 정전으로 사방이 깜깜할 땐 절대로 사용하지 마십시오. 안 보입니다.

보관 방법

• 냉장 보관 하지 않아도 됩니다.

• 빌려주지 마십시오. 세상 모든 책은 그렇게 사라집니다.

지금 새로운 아이디어가 필요한 분은 눈 크게 뜨고 주위를 360도 둘러보십시오. 형광등도 보이고 연필깎이도 보이고 벽시계도 보이고 지우개도 보이고 타이레놀도 보이고 마우스도 보이고 명함도 보입니다. 식어 버린 커피도 보입니다. 어떤 놈이 당신에게 아이디어를 던져 줄지 모릅니다. 멀리서 찾지 말고 당신 주위부터 살피십시오. 지금 당신에게 필요한 정보나 아이디어의 80퍼센트는 당신 가까이에 있다고 합니다.

자, 지난 장에 이어 또 카피 실습입니다. 공부도 그렇고 실습도 그렇고 할 때 집중하는 게 좋습니다. 먼저 당신이 최근에 본 영화 하나를 떠올리십시오. 그 영화 광고 헤드라인을 쓰십시오. 아무렇게나 쓰지 말고 요즘 우리 국민의 시선이 집중된 이슈를 걸고 헤드라인을 쓰십시오. 바디카피도 써야 하느냐고요? 바디카피는 깎아 드리겠습니다. 헤드라인만 쓰십시오.

이제 본문에선 실습 같은 것 더는 하지 않겠습니다. 카피 실습은 맨 뒤쪽에 몰아서 부록으로 달아 두겠습니다. 이 책이 문제집도 아니고, 또 두어 번의 실습만으로도 어떻게 실습해야 하는지 아셨을 테니까요. 이제부턴 당신이 숙제 내고 당신이 답하고 당신이 검사하십시오. 채점도 당신이.

10_ 어깨에서 힘 빼기
카피는 make가 아니라 search입니다

놀라 자빠지게 해 주겠노라 용쓰지 말고

투수가 어깨에 잔뜩 힘을 주면 폭투가 나옵니다. 카피도 마찬가지입니다. 내가 지금부터 어마어마한 것을 보여 주겠노라 의욕이 앞서면 폭투가 나오고 맙니다. 세상에 없는 것을, 당신에게 없는 것을 만들어 내겠다고 덤벼들면 오히려 뒤로 나자빠지기 쉽습니다. 세상 그렇게 만만하지 않습니다. 당신 그렇게 대단하지 않습니다. 어깨에서 힘을 빼십시오. 머리에서 힘을 빼십시오. 힘을 빼고 연필을 드십시오.

카피는 만드는 것이 아니라 찾는 것입니다. 영어로 말하면 make가 아니라 search입니다. 없는 것을 만들어 내는 게 아니라 우리가 늘 쓰는 말, 우리 곁에 늘 놓인 말 중 지금 내가 표현하려는 것에 딱 맞는 것을 찾는 것입니다. 여기저기 두리번두리번 살피다가 이거다! 하는 것을 발견하면 그것을 잘 모시고 와 종이 위에 내려놓는 것입니다. 이게 카피입니다. **손이 아니라 눈으로 쓰는 것입니다.**

반찬의 황제, 김치!

　　　김치의 궁전, 톡톡!

LG 김치냉장고 김치톡톡 카피라 칩시다. 어떻습니까? 황제라는 지위, 궁전이라는 공간이 최고라는 느낌을 주기는 합니다. 하지만 너무 많이 간 느낌, 왠지 몸에 맞지 않는 옷을 김치에게 입힌 느낌이 들지 않습니까? 억지스럽지 않습니까? 바로 이런 카피가 어깨에 힘 들어갔을 때 나오는 카피입니다. search하지 않고 make에 힘을 쏟은 카피입니다. 김치톡톡 카피, 나는 만들지 않고 찾았습니다.

after 　김치만 맛있어도 밥 먹습니다

이 카피는 어떻습니까? 이모에게든 고모에게든 들어 본 말 아닙니까? 억지로 만들어 낸 카피가 아니라 우리가 늘 하는 말, 늘 듣는 말에서 찾은 카피입니다. 제품 팔려고 아등바등하지 않는 카피입니다. 그래서 억지스럽지 않고 편안합니다. 당신도 김치만 맛있으면 밥 먹지 않습니까? 김치톡톡만 있으면 밥 한 공기 뚝딱 해치울 것 같지 않습니까?

　　깜짝 놀라 자빠지게 해 주겠노라 용쓰지 말고 고개를 끄덕이게 해 주십시오. 공감하게 해 주십시오. 강함보다 공감을 찾아 던지면 강해 보이지는 않지만 강합니다.

강한 것보다 강한 것은 다른 것

어깨에서 힘을 뺀 카피, 느슨하지만 울림과 공감이 있는 카피를 더 찾아봅시다. 먼저 박정희 대통령이 궁정동 안가에서 즐겨 마셨다는 양주 시바스리갈. 운명을 달리하던 그날 밤도 마지막 순간까지 곁에 있었다는 바로 그 술의 추석 선물 광고 헤드라인.

copy   선물은 흔하지만 존경은 드뭅니다

강하지 않습니다. 힘을 과시하려 하지 않습니다. 엄청난 혜택을 주지도 않습니다. 슬며시 카피를 내미는 느낌이랄까요? 이 카피가 힘이 없습니까? 그렇지 않습니다. 힘은 센 것, 강한 것, 시끄러운 것에서 나오는 게 아닙니다. 다른 것에서 나옵니다. 모두가 컬러일 땐 조용한 흑백이 눈에 띕니다. 모두가 헤비메탈일 땐 잔잔한 재즈가 귀에 들립니다. **강한 것보다 강한 것은 다른 것입니다.**

copy   ○○○○ 특별세일!
        한가위 대잔치!
        추석맞이 대방출!

이런 광고들이 어지럽게 널린 신문 한쪽에 시바스리갈 광고가 조용히 놓여 있습니다. 카피 한 줄로 다른 모든 선물을 흔하디흔한 선물, 성의 없는 선물로 만들어 버리는 힘이 있지 않을까요? "저 좀 봐 주세요!" 외치는 선물보다 귀하게 놓인 존경 한 병에 시선을 주는 사람이 더 많지 않을까요?

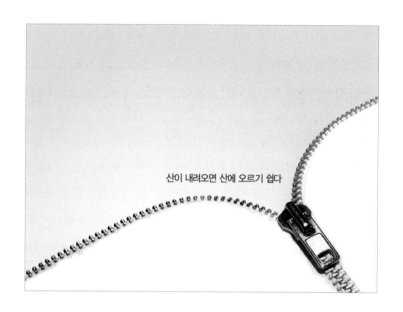

산이 내려오면 산에 오르기 쉽다

어깨에서 힘을 뺀 것이 오히려 강할 수 있다는 걸 알 수 있습니다.

copy 산이 내려오면 산에 오르기 쉽다

"산은 산이요 물은 물이다"라고 말씀하셨던 어느 스님이 생각나시지요?
이 카피도 그런 느슨함이 느껴지라고 쓴 카피입니다. 동양증권이 사이버
거래 수수료를 최저로 내렸을 때 쓴 카피입니다. 주식을 자주 사고파는
투자자에겐 수수료가 산처럼 느껴질 수 있습니다. 그 산이 알아서 내려오
겠답니다. 고맙지 않습니까? 아무리 높은 산도 한걸음에 오를 것 같지 않
습니까?
　과욕은 무리를 낳습니다. 무리는 공감으로 이어지기 어렵습니다. 쉽고

편안하면서 슬며시 정곡을 찌르는 카피. 어쩌면 이런 카피가 가장 쓰기 어려운 카피인지도 모릅니다.

자, 잠시 일어나십시오

일어나 어깨에서 힘을 쑥 빼 보십시오. 어깨를 축 늘어뜨려 보십시오. 발바닥에 힘이 가는 게 느껴지십니까? 그렇습니다. 어깨에서 힘을 빼면 무게 중심이 하체 쪽으로 자연스럽게 옮겨집니다. 이게 무슨 이야기일까요? 글을 쓸 때 어깨에서 힘을 빼면 허공에 붕 뜬 글이 아니라 땅을 딛고 선 글을 쓸 수 있다는 얘기입니다. 쉽게 무너지지 않는 글을 쓸 수 있다는 얘기입니다. 억지, 무리, 과장 없는 안정된 글을 쓸 수 있다는 얘기입니다.

copy   얼음정수기를 가지면 다 가진 겁니다

이 역시 어깨에서 힘을 뺀 청호나이스 얼음정수기 카피입니다. 중산층 집이면 웬만한 가전제품은 다 갖추고 있었습니다. 그런데 얼음정수기를 가진 집은 없었습니다. 왜냐고요? 내가 이 카피를 쓸 때 얼음정수기가 세상에 처음 나왔으니까요. 그러니 이것 하나만 더 갖추면 다 갖춘 집이 되는 셈이었습니다. 조용히 또 은근히 자부심을 높여 주는 카피. '세계 최초 얼음정수기 탄생!' 같은 시끄러운 카피와 바꿀 수 없습니다.

비슷한 예 하나 더 들어 보겠습니다. LG 와인셀러가 다시 태어났습니다.

누구나 한 번 보면 탐낼 만한 제품입니다. 이를 들여놓은 집이라면 자랑하고 싶어 좀이 쑤실 그런 제품입니다. 그동안 누군가를 초대하고 싶어도 와인셀러가 없어서, 또는 구닥다리여서 초대하지 못한 집주인에게 이제 기회가 왔다고 알리려면 어떤 카피를 던져야 할까요? 나는 이 한 줄을 던졌습니다.

copy   모시고 싶은 분을 모실 수 있습니다

편안하지 않습니까? 고개 끄덕이며 누구누구를 초대해야 할지 생각하게 할 것 같지 않습니까? 초대받은 사람들의 부러운 시선은 와인셀러에서 결국 그 집주인에게로 옮겨지겠지요.

와인이 별로인 분을 위해 다른 술을 대령해 봅니다. 소주의 왕 진로. 그에게도 아픔은 있었습니다. 그건 매실주 시장에만 들어가면 맥을 못 춘다는 것. 매취순이라는 강력한 브랜드가 버티고 있고 설중매 같은 녀석도 나름 자리를 잡고 있기 때문이지요. 하지만 진로는 자존심 때문에라도 매실주 시장을 못 본 척할 수 없었겠지요.

　몇몇 브랜드가 차례로 실패했지만 '그래, 누가 이기나 보자!' 하면서 또다시 '매심'이라는 브랜드를 선보입니다. 매화의 마음이라는 뜻인데 이름이 썩 마음에 들지 않았습니다. 하지만 카피라이터가 브랜드 탓만 하고 있을 수 없습니다. 찾아내야 합니다.

copy   진로는 술을 만들 줄 압니다

어깨에서 힘 빼고 이렇게 썼습니다. 진로가 누구입니까? 100년 가까이 우리나라 술 시장을 지배해 온 거인 아닙니까? 술 하면 그들 아닙니까? 그런 진로가 새로운 매실주를 만들었습니다. 대충 만들었겠습니까? 자존심 걸고 만들었겠지요. 그렇다면 한 번은 맛을 봐 줘야 하는 거 아닙니까? 당신이 술꾼이라면 일단은 입에 털어 넣어 봐야 하는 거 아닙니까? 이런 뜻을 담은 메시지였습니다. 결과는 어땠냐고요? 선배들 뒤를 따르고 말았습니다.

copy   뒤는 저희가 책임집니다

어떤 제품 카피일까요? 펀드 카피일 수도 있겠지요. 비듬 치료제 카피일 수도 있겠지요. 아니면 어느 정신 나간 조폭의 신입 조폭 모집 카피일 수도 있겠지요. 누가 써도 이상하지 않을 만큼 편안한 카피입니다.

　처음 이 카피가 생산된 건 코디라는 화장지 슬로건을 개발할 때였습니다. 코디는 [올록볼록 엠보싱]이라는 슬로건으로 유명했던 비바의 뒤를 잇

뒤는 저희가 책임집니다

는 화장지였습니다. 나는 이 카피와 함께 [올록볼록]의 2탄 격인 [더올록 더볼록]이라는 슬로건도 내밀었는데 [더올록 더볼록]이 최종 선택되었습니다. 이 카피는 죽은 자식이 되고 만 것이지요.

내가 이 카피를 그대로 죽였을까요? 아닙니다. 살려 냈습니다. 얼마 후 나는 관악구에 있는 한 병원에 이 카피를 내밀었습니다. 어떤 병원이었을까요? 치질 전문병원이었습니다.

좋은 투수가 되려면 폭투를 줄이십시오. 어깨에서 힘 빼고 던지는 카피, 카피를 받는 포수 손바닥에 편안함과 울림을 주는 카피, 힘이 아니라 공감으로 다가가는 카피, 내일부터 당신이 써야 할 카피입니다.

11_ 못 살겠다 갈아 보자

리듬을 살리십시오

copy   못 살겠다 갈아 보자

이 카피, 들어 보셨나요? 아주 오래전에 만들어진 고전입니다. 1956년 대통령 선거. 당시엔 카피라는 개념도 없었으니 선거 구호라는 이름이었겠지요. 이승만 정권과 맞선 야당은 대통령 후보 신익희와 함께 [못 살겠다 갈아 보자]라는 전설적인 선거 구호를 선보입니다.

　이 여덟 글자의 위력은 실로 대단했다고 합니다. 한동안 거의 모든 국민이 이 구호를 입에 달고 살았다고 합니다. 거리에서 술집에서 시장에서 모두가 이 구호를 합창했다고 합니다. 믿기 어렵겠지만 골목을 뛰어다니던 강아지도 '못 살 겠 다 갈 아 보 자' 짖고 다녔다고 합니다. 하지만 신익희 후보는 선거를 열흘 앞두고 유세하러 가던 호남선 열차 안에서 급서하고 맙니다. 야당은 후보 없이 대통령 선거를 치러야 했고 정권 교체 열망은 그렇

게 무너지고 맙니다.

그런데 우리 국민은 이 구호에 왜 그렇게 열광했을까요? 첫 번째 이유는 **공감**일 것입니다. '아, 내 생각이랑 똑같네! 내가 하고 싶은 말을 그대로 해 주었어!' 하는 공감. 두 번째 이유는 무엇이었을까요? 바로 **리듬**일 것입니다. 네 글자 더하기 네 글자. 따라 하기 쉽고 기억하기 쉬운 리듬을 갖고 있어서였을 것입니다.

<u>copy</u>   못 살겠으니 갈아 보심이 어떻겠습니까?

만약 야당이 이런 카피를 내세웠다면 누가 이 카피를 외우고 따라 했겠습니까? 질질 늘어진 이런 카피를 내가 이 책에 호출할 이유도 없었겠지

요. 카피에게 리듬을 주십시오. 전달력과 전파력 모두 강해집니다. 물론 리듬 신경 쓰다 콘셉트가 흔들리는 일은 없어야겠지만.

공감과 리듬, 둘을 제대로 갖춘 이 선거 구호는 우리나라 정치 광고 역사상 가장 뛰어난 슬로건으로 평가받습니다. 이 카피의 힘을 두려워한 집권당도 부랴부랴 이에 대항하는 슬로건을 발표합니다. 하지만 반응은 싸늘했습니다. 리듬은 따라갔지만 공감에서 한참 뒤졌기 때문이었겠지요.

copy   갈아 봤자 별수 없다

나는 정치 광고 카피를 쓸 때 이 리듬을 살리려 애씁니다. 강원도지사 선거에 출마해 당선된 최문순 후보. 그의 슬로건은 [오직 강원!]. 그래, 그는 고지식할 정도로 한결같은 남자야! 정말 강원도 감자 같은 남자야! 하는 공감을 불러일으키는 슬로건입니다. 나는 이 슬로건과 함께 사용할 캐치프레이즈로 이런 카피를 썼습니다. 리듬을 봐 주십시오.

copy   어제도

오늘도

내일도

강원도

[도]라는 마지막 음절로 리듬을 살린 말장난입니다. 쉽습니다. 입에 잘 붙습니다. [오직 강원!]이라는 슬로건의 의미를 재미있고 경쾌하게 풀어 전달합니다. 제주도지사 선거에 출마한 문대림 후보에게 준 카피, 역시 리

듬이었습니다.

copy   제대로 제주도

걷다, 뛰다, 날다

정치 카피 이야기를 들으니 마음이 불편하십니까? 그래서 술을 대령했습니다. 마음 불편할 땐 역시 술이지요. 청산리벽계수. 시조 앞머리를 브랜드로 만든 술이었습니다. 태생적으로 리듬을 타고 세상에 나온 술이었습니다. 카피에서도 그 리듬을 이어받으려 했습니다. 어떤 카피였을까요?

copy   (헤드) 첫맛은 청산, 끝맛은 벽계
        (서브) 첫맛은 청산처럼 힘 있고 끝맛은 벽계처럼 부드럽다

        (헤드) 오늘은 청산, 내일은 벽계
        (서브) 오늘은 청산의 푸름에 빠지고 내일은 벽계의 깨끗함에
              젖는다

        (헤드) 혼자면 청산, 둘이면 벽계
        (서브) 혼자 마실 땐 청산이 벗이 되고 둘이 마실 땐 벽계가 흥
              이 된다

한번은 코엑스가 30주년 슬로건을 의뢰해 왔습니다. 코엑스는 자신을 이

걷다   뛰다   날다

렇게 설명했습니다. 태동기, 성장기, 성숙기, 도약기를 거쳐 이젠 전시 및 컨벤션산업 리더로 우뚝 선 기업. 그 역사를 한 줄에 담아내야 했습니다. 30주년이라는 말에 시선을 고정했습니다. 가장 쉬운 동사 셋을 동원하여 리듬을 살린 슬로건을 내밀었습니다.

<u>copy</u>   걷다, 뛰다, 날다

30주년이니까 세 마디입니다. 점층되는 세 마디가 끊임없이 진보해 온 코엑스의 모습을 리듬을 타고 보여 줍니다. 코엑스 30년을 함께한 사람이라면 걷던 기억, 뛰던 기억을 추억하다가 자신의 양쪽 어깨에 막 솟은 날개를 만지작거리며 새로운 각오를 다질 것입니다.

한때 이랜드그룹 카피도 썼습니다. 헌트나 이랜드 같은 의류는 물론 로이드라는 시계 전문 갤러리 카피까지 도맡아 썼습니다. 그 시절에 결혼을 했습니다. 내 결혼 예물은 어디에서 마련했을까요? 당연히 로이드였습니다. 광고장이는 자신이 맡은 제품을 쓰게 되어 있습니다. 현대자동차 카피라이터가 벤츠를 타고 다닌다면 광고주 시선이 고울 리 없겠지요. 이래저래 을은 힘듭니다. 그때 썼던 헌트 여름옷 카피 한 줄 소개합니다.

copy   벗는 계절에도 입는 예절이 있습니다

[벗는 계절]과 [입는 예절]의 대비로 리듬과 말맛을 잘 살린 카피로 기억합니다. 나뿐 아니라 카피라이터 대부분은 이렇게 글자 수를 조절하여 리듬을 맞추는 데 귀신입니다. 이 외에도 내가 쓴 카피 중엔 리듬을 살린 헤드라인이 발에 차일 만큼 많습니다.

copy   기름은 없다. 기술은 있다 (에스오일)
        정치는 짧고 교육은 길다 (강금실 후보)
        기업의 높이보다 기술의 깊이를 생각합니다 (금호건설)
        VTR을 켜면 어학 고민이 꺼진다 (삼성 영어학습용 VTR)

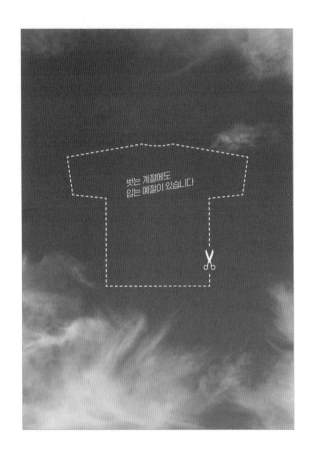

벗는 계절에도
입는 예절이 있습니다

잘 벗어야 잘 입는다 (LG 트롬 스타일러)

보기도 좋고 받아먹기도 좋고

두 줄짜리 헤드라인이라면 더욱 리듬을 살려야겠지요. 그래야 보기도 좋
고 받아먹기도 좋으니까요. 앞서 한잔 마신 청산리벽계수 두 줄짜리 헤드

라인엔 이런 것도 있었습니다.

<u>copy</u>   자연이 술병 속으로 들어갔네
       자네가 술잔 속으로 들어가게

하나의 헤드라인 안에서만 리듬을 살려야 하는 것은 아닙니다. 마주 보는 두 개의 헤드라인이 있다면 그것들도 리듬을 맞춰 주십시오. 대한의사협회장 선거 때 한 후보 홍보물을 만들었습니다. 후보가 지닌 경쟁력은 경기도의사회장으로 일하며 적지 않은 성과를 거둬 왔다는 것, 의지만 있는 게 아니라 결과를 만들어 낸 경험이 있다는 것이었습니다.

　4페이지짜리 홍보물. 표지를 넘기면 양면이 펼쳐집니다. 나는 그 양쪽 헤드라인을 대문짝만하게 키웠습니다. 헤드라인이 불과 두 글자였으니 양껏 키울 수 있었습니다. 좌우 페이지가 서로 거울을 보는 모양으로 리듬을 맞췄습니다. 왼쪽엔 성과를, 오른쪽엔 약속을 실었습니다.

<u>copy</u>   (좌) 했다

       살아온 날을 보면 살아갈 날이 보인다고 했습니다
       그가 이루어 낸 성과를 보면 의사협회의 내일이 보입니다

       (우) 한다

       투쟁과 파업만으로 해결되는 일은 없습니다

했다 한다

치밀한 대안과 치열한 협상으로 결과를 만들어 내겠습니다

영상 광고 카피 역시 리듬을 살릴 수 있다면 살려야지요. 2012년 대통령
선거 땐 야권으로 분류되는 후보가 둘 있었습니다. 문재인과 안철수. 하
지만 두 사람은 좀처럼 단일화를 하지 못했습니다. 지지자들은 애가 탔습
니다. 우여곡절과 우여곡절과 우여곡절을 겪은 후 선거 직전 가까스로 단
일화에 합의합니다. 그때 하루 만에 급히 만든 TV 광고 [문안 인사(문재인
과 안철수가 함께 드리는 인사)] 편 인트로 카피. 나는 두 사람에게 이런 리듬
을 안겼습니다.

copy   같은 곳을 봅니다

같은 꿈을 꿉니다

같은 길을 갑니다

바디카피의 리듬

헤드라인만 리듬을 가져야 하는 것은 아닙니다. 바디카피 역시 리듬이 있어야 합니다. 바디카피까지 한 줄 한 줄 글자 수를 맞추라는 얘기는 물론 아닙니다. 그건 미친 짓이지요. 나는 바디카피가 가져야 할 리듬은 조금 다르게, 이렇게 정의합니다.

꽉 그리고 쾅!

바디카피 첫 줄은 '꽉'입니다. 첫 줄에서 소비자를 꽉 붙잡아야 합니다. 카피를 끝까지 읽어야겠다는, 끝까지 읽는 게 이익일 것 같다는, 끝까지 읽고 싶을 만큼 카피가 흥미로울 것 같다는 마음이 들게 해야 합니다. 첫 줄에서 소비자를 꽉 붙잡지 못한다면 그 바디카피는 이미 죽은 카피입니다.

바디카피 마지막 줄은 '쾅'입니다. 책상을 쾅! 내려치듯 정신 바짝 들게 마무리하라는 얘기입니다. 두 가지 방법이 있습니다. **첫 번째 방법은 마지막에 반전을 주는 것**입니다. 이야기 전개를 마지막에 확 비틀어 정신 바짝 들게 하는 것이지요. 반전이 있는 광고는 재미있습니다. 광고가 사람들에게 웃음을 줄 수 있다는 건 광고장이의 놓칠 수 없는 보람입니다.

copy 코스닥 상장을 꿈꾸세요? 교보증권과 상의하세요. 상의하면 길이 보입니다. 그 길로 그냥 쭉 가시면 됩니다. 지금까지 교보증권을 만나 코스닥에 상장한 기업 중 퇴출된 기업을 알고 싶으세요? 알려 드릴게요. 없습니다.

교보증권 광고 바디카피입니다. 첫 줄, [코스닥 상장을 꿈꾸세요?] 여기에서 소비자를 꽉 붙잡습니까? 모든 소비자는 아니겠지만 자나깨나 코스닥 입성을 노리는 기업에겐 틀림없이 크게 들릴 만한 첫 줄입니다. 그리고 마지막 줄, [없습니다]. 여기에 반전이 있습니까? 뭐 대단한 반전은 아니지만 비트는 힘은 있다고 생각합니다. 꽝! 하는 반전이 있는 공익 광고카피 하나 더 봅시다.

copy 밍크는 몇 살까지 살까요?
하루살이는 하루를 삽니다
개구리는 10년을 삽니다
비둘기는 40년을 삽니다
코끼리는 60년을 삽니다
사람은 80년을 삽니다
거북은 100년을 삽니다
조개는 200년을 삽니다
나무는 1000년을 삽니다
밍크는, 사람을 만날 때까지 삽니다

'꽝'의 또 다른 방법은 액션 유도입니다. 광고에 AIDMA법칙이라는 게 있다는 얘기 들어 보셨나요? attention, interest, desire, memory, action. 소비자는 주목, 흥미, 욕구, 기억, 행동, 이런 순서로 광고를 만납니다. 결국은 action입니다. 행동입니다. 구매 행동을 하지 않으면 그전 모든 과정이 척척 이루어진다 해도 소용없겠지요. 이순재 옹이 나오는 보험 광고 마무리 카피 기억하실 겁니다. 전화번호를 알려 주며,

copy 지금 전화하세요!

이 멋대가리 없는 카피가 바로 꽝! 치는 카피입니다. 소비자는 착합니다. 전화를 하라고 하면 하고, 그런 말이 없으면 전화기를 들지 않는답니다. 행동을 유도하는 마무리가 있는 광고와 그렇지 않은 광고는 전화 건수에서 상당한 차이가 있다고 합니다.

첫 줄에서 꽉, 마지막 줄에서 꽝!

이것이 내가 생각하는 바디카피의 리듬입니다. 바디카피 전체 흐름을 그래프로 그린다면 맨 앞쪽이 위로 솟아 있고 중간 부분은 살짝 내려와 잔물결로 가볍게 리듬을 타다가 맨 뒤쪽이 다시 한번 위로 치솟고 끝나는 그래프일 것입니다. 멋진 리듬을 지닌 그래프를 그린다 생각하시고 바디카피를 쓰십시오.

12 단정의 힘
딱 잘라 말하십시오

분명한 목소리

copy 라면은 농심이 맛있습니다

오래전 선배 카피라이터가 쓴 카피입니다. 라면 카피 중에, 아니 제품 광고 카피 중에 이만큼 선명한 카피도 드물 것입니다. 분명한 태도로 딱 잘라 말하는 것, 바로 단정입니다. 다른 라면이 더 맛있을 수도 있다는 생각을 일축해 버립니다. 반론 여지를 주지 않습니다. 카피라이터 목소리엔 때론 이렇게 자신감이 넘칠 필요가 있습니다. 머뭇거리거나 주저하거나 빙빙 돌려 말하는 게 아니라, '너희가 몰랐던 그것 내가 알려 주마!' 하는 태도로 강하게 밀어붙이는 카피.

물론 카피라이터에겐 공감을 찾아내는 통찰력과 그 공감의 끝을 잡고 소비자를 설득하는 능력이 꼭 필요합니다. 이것이 카피라이터의 첫 번째 능력인지도 모릅니다. 하지만 분명한 목소리가 필요할 땐 카피라이터 스스로 결론을 내려 소비자 손에 그것을 쥐어 줄 줄도 알아야 합니다. 카피라이터가 결론 내린 단정을 반복해 듣는 소비자는 결국 그 카피에 저항할 의지를 잃고 맙니다.

노무현 대통령이 돌아가시고 그해 겨울 노무현재단이 설립됩니다. 해가 바뀌어 다시 5월. 노무현재단은 내게 1주기 슬로건을 부탁합니다. 그의 죽음을 안타까워하는 많은 사람들이 국화 한 송이 들고 조용히 1주기를 기다리고 있었습니다. 그들 앞에 놓일 카피였습니다. 국화 곁에 놓일 카피였습니다.

 나 역시 슬픔과 분노가 누구보다 컸기에 죽을힘을 다해 슬로건을 준비했습니다. 울분을 드러낸 슬로건. 슬픔을 안아 주는 슬로건. 아픔을 공유하는 슬로건. 하지만 내가 내민 카피는 결국 단정이었습니다.

copy   5월은 노무현입니다

5월은 기억해야 할 게 유난히 많은 달입니다. 가정의 달도 5월이고 80년 광주도 5월입니다. 이들과 겨루겠다는 뜻은 아니지만 5월 한 달을 노란색으로 물들게 하려면 이런 단정이 필요하다고 생각했습니다. 이 슬로건은 13주기를 넘긴 지금까지도 5월이면 어김없이 우리 곁에 놓입니다.

우리는 만나야 한다

〈직녀에게〉라는 노래 아세요? 문병란 시에 김원중이라는 가수가 곡을 붙

5월은 노무현입니다

인 조금 오래된 노래입니다. 견우와 직녀를 빗대어 분단의 아픔을 노래한 곡입니다. 이 노래는 [우리는 만나야 한다]라는 가사로 끝을 맺습니다.

나는 앞서 얘기한 대한의사협회 원격의료반대 캠페인을 구상하며 이 노래를 나직이 불렀습니다. 노래를 부르며 의사와 환자 역시 견우와 직녀처럼, 남과 북처럼 헤어져서는 안 된다는 생각을 했습니다. 노래 맨 마지막 가사에서 캠페인 슬로건을 끄집어냈습니다.

copy 의사와 환자는 만나야 합니다

의사와 환자는 만나는 게 좋다고 하지 않고 만나야 한다고 했습니다. 만나지 않으면 큰일 난다는 뉘앙스를 담았습니다. 단정입니다. 다른 의견에게 설 자리를 주지 않겠다는 강한 의지입니다. 제압입니다.

이 노래는 젊은 사람들에겐 잘 알려지지 않았지만 캠페인 타깃인 여론 주도층에게는 꽤 알려진 노래입니다. 그들에게 이야기하고 싶었습니다. 절실함과 절절함을 전달하는 데 효과가 있을 거라 생각했습니다. 잘난 척 한 번 더 합니다. 실제로 이 카피는 수많은 의료 관계자들에게 울림을 주었다는 얘기, 원격의료 시행을 막는 데 힘이 되었다는 얘기를 들었습니다.

이 슬로건으로 영상 광고를 만들어야 했습니다. 의사를 관찰했습니다. 의사 방을 관찰했습니다. 벽에 걸린 의사 옷이 보였습니다. 하얀색이 보였습니다. 크리에이티브 중심에 하얀색을 놓았습니다. 벽에 걸린 의사 가운에서 카메라가 점점 빠지며 광고는 시작됩니다. 이런 카피와 함께.

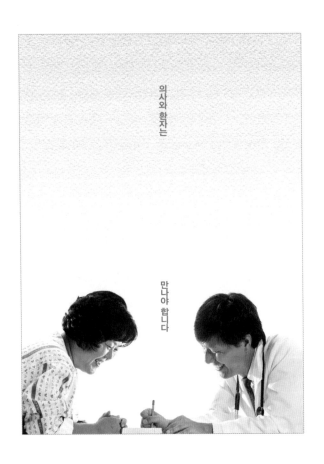

의사와 환자는

만나야 합니다

<u>copy</u>   하얀색

순수, 순결, 청결, 정직을 뜻하는 하얀색

의사 옷은 하얀색입니다

이 하얀 옷을 입는 순간 의사도 하얀색이 됩니다

순수, 순결, 청결, 정직이 됩니다
생명이 먼저라는 생각 하나만 하게 됩니다

생명이 먼저라면 의사와 환자는 만나야 합니다
무릎을 맞대고 아픈 곳을 직접 만지며 진료해야 합니다

그래서 반대합니다
원격의료를 반대합니다

원격의료는 오진 가능성이 큰 위험한 정책입니다
환자 건강보다 의료산업화를 먼저 생각하는 무책임한 정책입니다

원격의료를 막아 주십시오
하얀색을 하얀색으로 남게 해 주십시오

의사와 환자는 만나야 합니다

공감과 동의 위에 단정을

한번은 국산 골프 클럽 카피를 쓴 적이 있습니다. '차드'라는 새로운 브랜드였습니다. 상대는 막강했습니다. 캘러웨이, 테일러메이드, 타이틀리스트, 나이키. 이들을 상대로 나 잘났다고 우기는 건 웃기는 일이었습니다.

내 자리가 어디인지 살피면 그런 얘기를 할 수 없습니다. 도전을 이야기했습니다. 야심이 큰 도전. 그때도 나는 이렇게 단정했습니다.

copy   챔피언은 바뀐다

지금은 내가 보잘것없지만 이제 곧 너희 모두를 누르고 챔피언이 될 거라는 선언이었습니다. 여기에서 단정은 각오이자 자신감일 것입니다. 그런데 어느 날 차드가 새 브랜드 만드는 일을 포기했다는 어이없는 이야기가 들렸습니다. 헛힘만 쓰고 만 것입니다. 프리랜서로 일하면 가끔 이렇게 황당한 경험을 하기도 합니다.

재미있는 건 몇 년 후 이 슬로건이 살아났다는 것입니다. 한 골프 브랜드가 이 슬로건을 그대로 사용한다는 것을 TV 광고를 보고 알았습니다. 내가 쓴 슬로건이 어떤 경로를 거쳐 그들 손에 들어갔는지는 알지 못합니다. 알아보지도 않았습니다. 그걸 추적하는 게 귀찮기도 했고 모양 빠지는 일이기도 했으니까요. 그래서 나 아닌 또 다른 누군가가 우연히 나랑 똑같은 생각을 했고 우연히 나랑 똑같은 카피를 썼을 거라고 단정해 버렸습니다.

copy   왼쪽 가슴엔 훈장, 오른쪽 가슴엔 가난

리듬을 살린 이런 카피를 쓴 적이 있습니다. 누구의 가슴일까요? 독립유공자와 그 후손들의 가슴입니다. 조국은 그들 가슴에 훈장과 가난을 나란히 달아 주었습니다. 안타까운 일입니다. 부끄러운 일입니다. 그들 오른쪽 가슴에 달린 가난을 떼어 드리는 일을 하는 한 젊은 단체에 나는 이런 카피를 선물했습니다.

copy   가난은 훈장이 아닙니다

A는 B라고 말하는 것도 단정이지만, A는 B가 아니라고 말하는 것 역시 단정입니다. 당신 혹시 이런 생각 하고 있다면 그건 틀린 거야, 하고 조용히 꾸짖는 단정입니다.

copy   코로나는 코리아를 이길 수 없습니다

당신도 한 번쯤 들어 봤을 카피입니다. 나는 코로나로 위축된 우리 국민에게 자신감을 주려고 '이겨 냅시다'나 '이겨 봅시다'가 아닌 단정을 썼습니다.

단정. 밀어붙이는 카피입니다. 하지만 단정한다고, 밀어붙인다고 소비자가 다 받아 주는 건 아닙니다. 단정에 공감하고 동의해야 합니다.
  라면은 농심이 맛있다고 말하면 '그래, 그래서 신라면이 가장 잘 팔리는 거야!', 5월은 노무현이라고 말하면 '그래, 노무현 안타깝지. 5월 한 달은 그를 추모해도 돼!', 의사와 환자는 만나야 한다고 말하면 '그래, 의사와 환자 사이에 기계가 끼면 아무래도 오진 가능성이 커지겠지!', 코로나는 코리아를 이길 수 없다고 말하면 '그래, 우리 국민에겐 무릎 꿇지 않는 DNA가 있어!'.

이렇게 공감과 동의가 받쳐 줄수록 단정적인 카피에 힘이 실립니다. 공감과 동의 위에 단정을 세우십시오. 쉽게 무너지지 않습니다.

탱크로 공격!

마지막으로 단정과는 조금 다른 의미인 탱크 이야기를 하고 이 장을 마칠까 합니다. 탱크는 좌고우면하지 않고 돌진하는 무기입니다. 카피에도 때론 탱크가 필요합니다. 타깃 확실하고 전할 메시지 확실하다면 주저하거나 머뭇거릴 이유가 없습니다. 탱크처럼 밀고 나가면 됩니다. 시민에게 대출을 해 주겠다는 여수상호신용금고 카피, 나는 탱크를 던졌습니다.

copy (헤드) 여수에 돈을 풀겠습니다

  (서브) 며칠 몇 시 몇 분에 얼마나 필요하십니까?

사족 다 뗀 카피입니다. 말할 것을 말하고 그것으로 끝입니다. 은행 문턱이 어쩌고 경제 상황이 저쩌고 장황하게 돌려 말하지 않습니다. 여수에 돈을 풀겠다는 헤드라인은 대출해 주겠다는 얘기를 직설로 전하는 카피입니다. 당장 대출이 필요한 여수 시민이라면 이 광고에 눈길을 주지 않고 버틸 수 있을까요?

할 말이 분명하고 그 자체가 매력 있는 메시지라면 괜히 멋지게 표현하려 하지 마십시오. 카피라이터의 글솜씨를 뽐내려 하지 마십시오. 손질하지 않은 메시지 그대로를 헤드라인으로 올리십시오.

삼성자동차 SM5가 찻값 30퍼센트만 내고 차를 가져가라고 했습니다. 나머지 70퍼센트는 3년 안에 형편 되는 대로 내면 된다고 했습니다. 이 프로모션 광고 헤드라인은 무엇이었을까요? SM5는 신문 전면 광고를 택했는데 광고 면 절반 이상을 차지할 만큼 헤드라인을 크게 키워 세 줄로 던졌습니다.

<u>copy</u>   찻값의 70%는

3년 안에

아무 때나 내십시오

이 헤드라인에 카피라이터의 글솜씨가 들어갔습니까? 크리에이티브한 발상이 보입니까? 말할 것을 말하고 그것으로 끝. 탱크처럼.

13_ 택시 요금 3,500만 원

뚱딴지같은 헤드라인을 던지십시오

도대체 무슨 얘기야?

택시 기사가 차를 세웁니다. 요금을 확인합니다. 흡족한 표정을 짓습니다. 뒷좌석에 탄 손님 쪽으로 몸을 돌립니다.

copy   손님, 택시비는 3,500만 원입니다

도대체 이 손님은 얼마나 오랫동안 택시 안에 앉아 있었을까요? 스페인 바르셀로나에서 서울까지? 그렇다면 평양이나 개성은 어떻게 통과했을까요? 말이 안 됩니다. 혹시 서너 달 걸쳐 우리나라 구석구석 택시로 돌았을까요? 미치지 않고서야 이런 무모한 여행을 할 리 없겠지요. 아무래도 미터기 고장이지 싶습니다. 그게 아니라면 설명이 되지 않습니다.

    그런데 이 말이 안 되는 말이 신문 광고 헤드라인이라면 당신은 어떤 반응을 보일까요? 아마 고개를 조금 아래로 내릴 것입니다. '이 3,500만 원짜리 헤드라인은 도대체 무슨 얘기야?' 하며 바디카피를 확인하려 할 것입니다. 바디카피를 읽어 내려가며 비로소 당신은 고개를 끄덕입니다. 슬며시 미소를 짓습니다. 바디카피는 이렇게 시작됩니다.

copy 택시 한 번 타는 데 택시 한 대 값을 지불할 필요는 없지요. 이용한 시간과 거리만큼만 지불하면 되지요. HP의 새로운 서비스는 이런 철학에서 출발했습니다. 당신 회사는 어쩌다 한 번 이용하는 소프트웨어에 엄청난 비용을 흘리고 있지 않습니까? 이제 사지 말고 빌리십시오. 빌려 사용한 만큼만 지불하십시오. (후략)

오래전 신문에서 본 HP 광고 카피를 조금 만진 카피입니다. 택시 한 번 타면서 택시 한 대 값을 치르는 기업이 의외로 많다는 것을 꼬집는 카피입니다.

가끔은 이렇게 엉뚱한 헤드라인을 던져 소비자를 붙잡으십시오. 호기심 때문에라도 바디카피 쪽으로 시선이 갑니다. **헤드라인이 엉뚱할수록, 뚱딴지같을수록, 말이 안 될수록** 소비자 시선은 그 광고에서 쉽게 도망치지 못합니다.

헤드라인은 수필 제목이 아니다

하루에 일어난 일을 쭉 소개한 수필이 있다면 그 글 제목은 〈하루〉라고 붙여도 됩니다. 〈오늘 나는〉이라고 붙여도 됩니다. 그러나 헤드라인을 이렇게 소극적으로 붙이지는 않습니다. 화제를 불러일으킨다거나, 이익을 제시한다거나, 타깃을 특정한다거나, 새로운 뉴스를 던진다거나, 뭐든 적극적인 일 한 가지는 해야 헤드라인입니다. 뚱딴지같은 헤드라인은 호기심 자극이라는 일을 합니다.

하지만 이런 광고는 소비자가 헤드라인만 따 먹고 가 버리면 광고 효과는 제로입니다. 그만큼 위험이 큽니다. 뚱딴지같은 헤드라인으로 승부하겠다고 마음먹었다면 그 헤드라인은 목숨 걸고 소비자 시선을 바디카피 첫 줄로 데려가야 합니다. 정말 목숨을 걸어야 합니다. 첫 줄은 또 둘째 줄로 시선을 끌고 가야 합니다.

이런 광고는 얼핏 보기엔 헤드라인의 의외성으로 승부하는 것 같지만 실은 바디카피로 승부하는 광고입니다. 바디카피가 헤드라인만큼 재미있고 설득력이 있어야 한다는 뜻입니다. 무책임하게 헤드라인을 던지고 바디카피에서도 이를 책임지지 못한다면 이런 카피는 욕심내지 않는 게 좋습니다.

copy 연합광고 축구부는 헤딩을 하지 않습니다

신입 카피라이터 정철이 쓴 헤드라인입니다. 연합광고(지금은 MBC애드컴)는 신입이라고 뽑은 나를 그냥 놀릴 수 없었는지 회사 광고를 만들어 보라고 했습니다. 그건 믿지 못할 신입에게 비중 있는 광고주를 줄 수 없다는 뜻이기도 했고, 부담 적은 일부터 시켜 보자는 뜻이기도 했습니다. 하지만 광고 회사 광고만큼 부담스러운 광고도 없을 것입니다. 나는 고민 끝에 헤딩을 하지 않는 축구부라는 뚱딴지를 던졌습니다. 바디카피는 이렇게 풀었습니다.

copy 지난해 애드컵대회에서 예선 탈락 고배를 마셨다는 연합광고
축구부. 때늦은 변명 같지만 그 쑥스러운 성적에는 그럴 만한
이유가 있었답니다. 광고 만드는 일이 아니면 다른 어떤 곳에
도 머리를 쓰지 말자는 다짐이 있었던 것입니다. 그래서 아무
리 좋은 찬스에서도, 다급한 위기에서도 헤딩만은 하지 않았다
고 합니다. 헤딩을 접어주고 축구가 되겠습니까? 그러나 그들
은 말합니다. 축구 좀 지면 어때. 광고를 이기면 되지. 올해도
애드컵대회는 열릴 것이고 또 헤딩 찬스가 온다면 그들은 당연
히 그리고 당당히 지는 쪽을 택할 것입니다. 헤딩에 쓰지 않은
머리를 당신을 위해 쓸 것입니다.

한겨레가 비행기를 만든다면

한겨레신문 프레젠테이션 때도 뚱딴지 캠페인을 마련했습니다. 한겨레는
진보 신문을 자처합니다. 힘 있는 사람보다 힘없는 사람을 먼저 생각한다
고 말합니다. 그들 주장을 믿어 주기로 했습니다. 다른 모든 신문이 권력
과 금력 눈치를 본다 해도 한겨레만은 그렇지 않을 거라는 주장을 믿어
주기로 했습니다. 캠페인 슬로건을 이렇게 잡았습니다.

copy 믿는다, 한겨레

캠페인은 한겨레가 만들지 않는 것에 주목했습니다. 언론사가 죽었다 깨
어나도 만들지 않을 것들을 주인공으로 모셨습니다. 두 가지 카피를 보십

시오.

copy 1. 한겨레가 비행기를 만든다면

그 비행기 일등석에 앉는 사람은 누구일까요? 장애인과 노약자와 외국인 노동자일 것입니다. 여성과 아이들일 것입니다. 비정규직 노동자와 다문화 가족일 것입니다. 조금 더 힘든 사람을 껴안을 줄 아는 사회, 한겨레는 그런 따뜻한 사회를 만들고 싶습니다.

2. 한겨레가 국회의사당을 만든다면

맨 먼저 설계하는 것은 누구 자리일까요? 국회의원 자리는 아닐 것입니다. 국회의장 자리도 아닐 것입니다. 그들을 지켜보는 국민의 자리일 것입니다. 국민의 알 권리가 무엇보다 우선이어야 하기에 한겨레는 늘 진실 편에 섭니다. 당신 편에 섭니다.

한겨레가 도대체 무슨 이야기를 하려고 건설 회사 냄새가 풍기는 헤드라인을 던졌을까? 이런 궁금증이 바디카피로 시선을 옮기게 했다면 메시지는 들렸을 것입니다. 헤드라인에서 할 말 다 해 버려 바디카피엔 눈이 아예 가지 않는 광고보다 훨씬 또렷이 들렸을 것입니다.

한겨레 캠페인 하나 더 말씀드리겠습니다. [평생친구] 캠페인입니다. 독자에게 1년 2년 토막토막 신문을 구독하지 말고 아예 평생 독자가 되어 달라

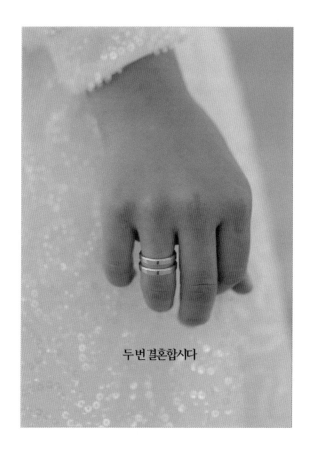

두 번 결혼합시다

고 조르는 캠페인입니다. 자신이 평생 독자가 되어도 좋고, 친구에게 평생 독자를 선물해도 좋고, 손자에게 평생 독자라는 유산을 남겨도 좋다는 캠페인입니다. 내가 던진 헤드라인은 역시 '이게 뭐지?' 하는 뚱딴지였습니다.

copy   두 번 결혼합시다

한 번만 결혼해서는 행복할 수 없습니다. 두 번은 하셔야 합니다. 한 번은 사랑하는 사람과 하셨다면 또 한 번은 진실한 신문과 하십시오. 한겨레는 당신이 죽는 그날까지 당신 곁을 지킵니다. 당신보다 먼저 죽는 일은 없습니다. 때론 용기 있는 말로 당신의 젊음을 찾아 주고, 때론 따뜻한 말로 당신의 인생을 위로합니다. 두 번째 결혼, 생각보다 큰돈이 들지 않습니다.

멸치와 고래

나는 정말 착한데, 나는 정말 좋은 사람인데, 나는 정말 일도 잘하는데 사람들이 나를 몰라줍니다. 어떻게 해야 할까요? 정답을 딱 꼬집어 얘기하긴 어렵지만 어떤 게 정답이 아닌지는 알 수 있습니다.

진심을 다해 나를 설명한다

이런 답이 빵점짜리 답일 것입니다. 제발 진심 좀 다하지 맙시다. 내 진심을 아무리 절절하게 외친다 해도 내게 관심 없는 사람들 귀엔 들리지 않습니다. 그들이 듣고 싶어 하는 이야기 한 귀퉁이에 내 이야기를 살짝 얹어 전달해야 그나마 들립니다.

네이버에 도전하는 새로운 뉴스 앱, 이름은 세이버입니다. 꼭 알아야 할 뉴스, 시간을 아껴 주는 브리핑, 군더더기 없는 깔끔한 요약. 이런 일을 하는 고마운, 굉장한, 어마어마한 녀석이 나타났다고 말하고 싶습니다.

멸치가
고래를
물었어

그런데 들릴까요? 들어 줄까요? 쉽지 않지요. 앞에서 열거한 것들은 무심한 사람들의 머리를 망치로 꽝 내리칠 만한 파괴력을 가진 이야기가 아니니까요. 그래서 나는 진심 대신 뚱딴지를 던졌습니다.

copy   멸치가 고래를 물었어

어떻게 되었을까? 멸치가 혼났을까? 죽었을까? 이런 궁금증이 들 것입니다. 기회입니다. 궁금증을 해소해 주는 스토리텔링으로 사람들 머릿속에 침투합니다.

> 감히, 멸치가 고래를 물었어.
> 물론 고래는 킥킥 간지럽다고 했지.
> 그런데 시간이 지나자,
> 고래가 배를 하늘로 향한 채 물 위로 떠올랐어.

머릿속에 그림이 쉽게 그려지는 짧은 스토리입니다. 세이버와 네이버의 싸움을 멸치와 고래의 싸움으로 인식하게 만드는 스토리텔링. 물론 네이버는 세이버 따위와 싸울 생각 1도 없겠지만 세이버는 끊임없이 싸움을 걸어야 합니다. 헤비급과 플라이급이 나란히 링 위에 올랐음을 목소리 키워 알려야 합니다. 관중들은 멸치를 응원하게 되어 있습니다. 사람들은 늘 드라마틱한 반전과 기적을 기대하니까요.

스토리텔링을 이렇게 가져가면 사람들은 세이버를 100퍼센트 이해하지는 못하더라도 최소한 이렇게 인식할 것입니다. 네이버에게 도전장을 내민 무엇. 네이버를 대체할 무엇. 이름도 하는 일도 네이버랑 비슷한 무엇. 실력과 무관한 네이버의 무차별 뉴스 점령에 감히 종말을 고하는 무엇. 네이버의 독주에 불만을 가졌던 사람이라면 멸치의 도전을 재미있어하고 통쾌해할 것입니다.

14_ 집착과 선점
단어 하나를 내 것으로 만드십시오

집착하면 선점한다

집착은 부정적인 단어입니다. 사람 관계에서 이 집착이라는 단어에 집착하는 사람은 환영받지 못합니다. 스토커라는 딱지를 받습니다. 하지만 마케팅에선 집착이라는 단어가 꽤 기특한 단어로 대접받습니다. 선점이라는 결과를 가져다주기 때문입니다.

한때 SK는 [고객]이라는 단어에 집착했습니다. 고객이 OK할 때까지, 고객 만족, 고객 행복, 고객 감동. 아마 수백억 원을 이 단어 하나 잡는 데 쏟아부었을 것입니다. TV만 켜면 고객이라는 단어가 귀를 때렸으니까요.

집착의 효과는 어땠을까요? 이미 내 사고를 지배했습니다. 지금도 기억납니다. 나는 다른 기업 카피를 쓰고 있었습니다. 바디카피에 고객이라는 단어를 썼다가 흠칫 놀라며 이를 지웠습니다. 고객이라는 단어는 이미 SK 것이라는 생각이 나도 모르게 내 의식을 지배한 것입니다.

선점입니다. 힘 있는 단어를 선점하려면 그 단어에 집착해야 합니다. 경쟁사가 그 단어를 사용하는 게 부담스러울 만큼 내 것으로 만들어 버려야 합니다.

풀무원 프레젠테이션 때였습니다. 풀무원과 가장 어울리는 단어는 무엇일까? 풀무원이 선점해야 할 단어는 무엇일까? 풀무원이라는 기업이 존재하는 마지막 날까지 세상 사람들이 "이 단어는 풀무원 거야"라고 말하게 하고 싶은 단어는 무엇일까?

바르다

나는 [바르다]가 풀무원을 위해 만들어진 말이라 생각했습니다. 이것을 풀무원 소유로 도장 찍어 주고 싶었습니다. '바르다'를 주르륵 넓게 펼쳤습니다. 바르다, 바르게, 바르니까, 바로, 바른 같은 단어들이 보였습니다. 이 중 [바르게]라는 단어를 끄집어냈습니다. 이것을 풀무원 슬로건으로 임명했습니다. TV 광고 카피는 이렇게 썼습니다.

copy　남들이 열 개 만들 때 바르게 한 개를 만든다
　　　열 개보다 바르게 한 개

　　　바르게, 풀무원

15초 카피에 [바르게]라는 단어를 세 번 욱여넣었습니다. 깨끗하다, 신선하다, 약속을 지킨다, 자연이 만든다 이런 건 다 잊어도 좋으니 이것 하나만 기억해 달라는 읍소 같은 카피였습니다.

바르게, 풀무원

하나에 집착한다는 건 다른 모든 욕심을 내려놓는다는 뜻입니다. 실패하는 광고는 욕심을 냅니다. 광고 하나에 하고 싶은 모든 이야기를 주섬주섬 챙겨 넣습니다. 결국 어느 하나도 전달하지 못합니다. 하나에 집착하십시오. 카피가 열 줄이든 스무 줄이든 딱 한 가지 이야기만 붙들고 늘어지십시오.

감히

앞 장에서 말씀드린 세이버 이야기 조금 더 보탭니다. 감히, 멸치가 고래를 물었다고 했습니다. 나는 [감히]라는 단어를 캠페인 키워드로 적극 사용하고자 했습니다. [감히]는 네이버를 상대하는 세이버의 의욕과 태도를 가장 적확하게 말해 주는 단어니까요. 이른바 [감히] 캠페인.

copy　(헤드) 감히, 세이버가 네이버를 가르치다

(서브) 네가 알리고 싶은 것만 알리는 건 뉴스가 아니야.

(헤드) 감히, 세이버가 네이버를 타이르다
(서브) 기울어진 뉴스 공급, 네가 봐도 심하지 않니?

(헤드) 감히, 세이버가 네이버를 야단치다
(서브) 진단도 해석도 없는 싱거운 뉴스는 이제 그만.

[감히]라는 말을 세이버 앞에 호처럼 늘 붙여 사용합니다. 감히 네이버를 건드리며 사람들 머릿속으로 들어갑니다. 이후 세이버 인지도가 어느 정도 올라가면 그땐 네이버를 버려도 됩니다. 네이버는 할 일 다 했으니 용도 폐기. 그때부턴 세이버가 하고 싶은 이야기를 세이버 목소리로 해도 됩니다. 물론 '감히'라는 키워드는 그대로 가져가면서.

머지않아 '감히'라는 단어는 세이버 소유가 됩니다. [감히]라는 말은 [몸집은 작지만 실력은 큰 기업]이라는 이미지를 심어 줍니다. 집착입니다. 선점입니다.

땀엔 색깔이 없습니다

여당은 빨강. 야당은 파랑. 선거운동이 시작되면 거리는 빨간색과 파란색으로 뒤덮입니다. 유권자는 내가 어떤 색인지 생각한 후 그 색깔에 투표합니다. 이것이 일반적인 투표 행태입니다. 그러나 이렇게 정당 투표로 선거를 치르면 강원도지사 후보 최문순은 집니다(2014년 상황은 그랬습니다). 정당 지지율에서 상대 후보에게 두 배 가까이 뒤지기 때문입니다. 다른 논리가 필요했습니다. 이런 카피를 썼습니다.

copy   땀엔 색깔이 없습니다

이렇게 설득했습니다. 지금 강원도에 필요한 도지사는 여야를 떠나 일 잘하는 사람, 정직한 땀을 흘려 왔고 또 흘릴 사람입니다. 색깔 투표는 강원도 발전에 조금도 도움이 되지 않습니다. 색깔을 보지 말고 땀을 봅시다. 땀엔 색깔이 없습니다. 정당의 힘을 믿습니까? 정직한 땀을 믿습니까?

    묻지 마 투표에 제동을 걸기 위해 [땀]이라는 단어를 최문순 것으로 만들기로 했습니다. 최문순에게 땀이라는 단어를 딱 붙여, 일 잘하는 후보라는 이미지를 선점하려 했습니다. 그가 쌓아 온 모든 성취와 성과를 땀이라는 키워드 하나로 집약하여 전달하는 캠페인. TV 광고 카피도 땀이라는 키워드 하나를 파는 데 집착했습니다. 다른 욕심 다 버렸습니다.

copy   당신은 빨간색입니까?
       아니면 파란색입니까?

       선거 때면 거리는 온통 빨간색 파란색
       하지만 땀엔 색깔이 없습니다

       지난 3년 최문순은
       강원도 구석구석을 땀으로 적셨습니다

여당 야당이 아니라 땀에 투표해 주십시오
6월 4일, 당신의 꿈과 최문순의 땀이 만납니다

오직 강원!
기호 2번 최문순입니다

이 1분짜리 카피에도 땀, 땀, 땀이 범벅되어 있습니다. 땀 하나를 전달하는 데 1분을 모두 쓴 셈입니다. 집착입니다. 선점입니다. 다른 욕심 내려놓기입니다. 강원 도민들이 색깔을 버리고 땀에 투표해서였을까요? 최문순은 야당 후보로는 결코 쉽지 않은 강원도지사 선거에서 아주 근소한 차이로 승리합니다.

삼성 로고는 푸른색입니다. 청호도 푸른색이고 청구도 푸른색이었습니다. 삼성그룹 캠페인을 준비할 때 누구도 이 푸른색의 주인이 아니었습니다. 나는 푸른색을 삼성 것으로 만들어야겠다고 생각했습니다. 삼성이 마음먹고 치고 나가면 어렵지 않은 일이었습니다. 집착하면 선점할 수 있었습니다. 푸른색으로 그룹 슬로건을 만들었습니다.

copy   Made in Blue

블루는 젊음, 희망, 청량, 혁신, 신뢰를 상징하는 색입니다. 블루라는 키워드를 가져가면 이런 이미지가 자연스럽게 따라옵니다. 나는, 이제부터 삼성 정신은 젊음, 희망, 청량, 혁신, 신뢰를 상징하는 블루 정신이고 삼성의 모든 제품은 이 블루 정신이 만든다고 말했습니다.

글로벌 삼성이라는 기업 이미지에 맞춰 세계적인 명언들을 훔쳐 와 패러디했습니다. 먼저 클라크(William Smith Clark), 세르반테스(Miguel de Cervantes), 링컨(Abraham Lincoln)을 불렀습니다. 세상 명언 다 동원해서라도 블루를 삼성 소유로 만들자고 했습니다.

copy   Boys, be Blue
청춘이여, 블루를 가져라

Blue is not built in a day
블루는 하루아침에 이루어지지 않는다

Of the Blue, By the Blue, For the Blue
블루에 의한, 블루를 위한, 블루의 삼성

물론 집착이 늘 선점이라는 결과를 가져다주는 건 아닙니다. 집착은 선점의 필요조건이지 충분조건은 아닙니다.

copy   헌혈은 사랑입니다
우유는 사랑입니다
보험은 사랑입니다
안전벨트는 사랑입니다
한솔병원은 사랑입니다

모두 다 실제 광고로 만들어진 카피입니다. 앞대가리만 바꾸면 다 똑같은 카피입니다. 사랑이라는 말을 유난히 사랑한 한 카피라이터가 이 카피를 다 썼을까요?

물론 헌혈도 우유도 보험도 다 사랑일 수 있습니다. 사랑이라는 단어에 집착한다 해서 이상하지 않습니다. 하지만 다들 이렇게 주장하는데 과연 사랑을 내 소유로 만들 수 있을까요? 선점이라는 게 가능할까요? SK처럼 엄청난 광고비를 쏟아부을 자신이 없다면 조금 더 **뾰족한 단어**를 욕심내야 할 것입니다. 집착하면 선점할 수 있다 해서 아무 단어나 붙들지 말라는 얘기입니다.

15_ 덜컹! 꽈당! 비틀!
의성어나 의태어를 출전시키십시오

한동안 영화 광고 카피를 썼습니다. 브에나비스타라는 영화사가 배급하는 영화 카피를 도맡아 썼습니다. 〈식스 센스〉, 〈콘 에어〉, 〈페이스 오프〉, 〈아마겟돈〉, 〈에어포스 원〉, 〈인생은 아름다워〉, 〈뮬란〉, 〈토이 스토리〉 같은 소위 블록버스터 영화들이었습니다. 물론 이 영화들이 모두 흥행에 성공했다는 잘난 척입니다.

　그중엔 로빈 윌리엄스가 로봇을 연기한 〈바이센테니얼 맨〉이라는 영화도 있었습니다. 로빈 윌리엄스 아시죠? 〈죽은 시인의 사회〉에서 키팅 선생님으로 열연한 배우. 영화 줄거리는 이렇습니다. 자상한 아빠 리처드는 가족을 위해 가사 돕는 로봇을 삽니다. 그런데 로봇 조립 과정에서 마요네즈 한 방울을 떨어뜨리는 사소한 실수가 있었습니다. 그것이 로봇 신경계에 혼란을 일으킵니다. 로봇이 지능과 호기심을 가지며 사건이 벌어집니다. 인간과 로봇이 서로에게 설렘을 느끼는 엄청난 사건. 이쯤 이야기하면 그다음 이야기는 대충 짐작할 수 있는 그런 로맨틱 코미디입니다. 이 영화에 어떤 카피를 없을 수 있을까요?

before 로봇도 사랑에 빠지면 가슴이 뛴다

그렇습니다. 이 정도 카피라면 로맨틱 코미디 좋아하는 관객에게 말을 걸 수 있을 것입니다. 그런데 마요네즈 한 방울쯤 부족해 보였습니다. 가슴이 뛴다고 말했는데 가슴 뛰는 느낌이 잘 전달되지 않는 것 같았습니다. 고민했습니다. 마지막 단어 하나를 바꾸었습니다.

after   로봇도 사랑에 빠지면 가슴이 쿵쿵쾅쾅!

[뛴다]라는 동사를 [쿵쿵쾅쾅]이라는 의성어로 바꾸었습니다. 그랬더니 뛰는 느낌이 더 생생하게 전달되는 것 같았습니다. 동의하십니까? 동사가 그 단어 뜻을 딱 100퍼센트 전달한다면 의성어는 100퍼센트를 뚫고 나와 101퍼센트, 102퍼센트 막 달려가는 것 같지 않습니까?

동사가 줄 수 없는 플러스알파, 의성어에게 맡겨 보십시오. 형용사가 줄 수 없는 플러스알파, 의태어에게 맡겨 보십시오. 카피가 평범하고 힘없어 보인다면 의성어나 의태어를 출전시켜 보십시오. 느낌도 달라지고 생생함도 달라지고 손에 잡히는 힘도 달라집니다.

물론 의성어나 의태어는 조금은 가벼운 느낌, 장난스러운 느낌을 줄 수 있습니다. 그러니 가격 비싼 고관여(高關與) 제품에 사용하는 일은 신중해야 합니다. 하지만 영화나 과자, 음료 같은 제품이라면 큰 부담 없이 사용할 수 있습니다. 설명하려 하기보다 감각적으로 강렬한 전달을 하고 싶을 때 의성어나 의태어를 적극 활용하십시오.

소리가 들리는 카피

copy   영어에 풍덩!

영어 학원 하는 후배에게 던져 준 카피. 이 학원에서 배우는 영어는 물가에서 문법 몇 개 들고 깔짝거리며 노는 영어가 아니다. 영어에 몸을 풍덩 던지는 것이다. 온몸 구석구석 영어에 젖게 하는 것이다. 물에 빠지면 누구나 손발을 움직여 헤엄치는 법을 스스로 익힌다. 영어도 그렇게 익혀야 한다. 강의나 주입으로 배우는 게 아니라 자기 주도로 영어 속에서 놀면서 영어와 친해져야 한다.

영어 못하는 아이를 영어에 빠뜨리면 물을 먹거나 사고 날 위험은 없겠냐고? 죠스가 달려들지는 않겠냐고? 걱정 마시라. 내 자식처럼 지켜봐 주시는 선생님들이 있다. 요컨대 문법 몇 개 들고 깔짝거리는 영어와 풍덩 빠지는 영어는 차원이 다르다.

이런 의미를 지닌 슬로건입니다. [풍덩]이라는 키워드가 힘도 강하고 맛도 강하고 또 자기 주도 학습법 개념을 쉽게 설명할 수 있어 쓴 카피입니다. [풍덩]이라는 의성어가 [빠져라]라는 동사보다 온몸을 던지는, 온몸을 적시는 느낌이 더 강하다면 녀석을 쓰지 않을 이유가 없습니다. 그 후배 잘하고 있느냐고요? 모릅니다. 아직 애프터서비스 요청은 없습니다.

지구, 들썩!

copy 지구, 들썩!

천안 흥타령춤축제 슬로건으로 쓴 카피입니다. 춤의 본질과 축제 분위기
를 [들썩]이라는 의태어에 담았습니다. 그런데 들썩이는 그곳이 천안이
아닙니다. 대한민국이 아닙니다. 지구 전체입니다. 이 슬로건은 두 가지
메시지를 던집니다.

1. 축제가 지구를 뒤흔들 만큼 역동적이라는 것

2. 축제에 지구 전체가 참여할 만큼 글로벌하다는 것

지구를 조용히 돌게 하지 않고 들썩거리게 만들면 어떤 일이 벌어질까요? 아프리카가 어느새 천안에 와 있습니다. 유럽도 달려와 천안에서 놉니다. 남미도 뒤질세라 천안 삼거리에서 정열의 삼바 춤을 춥니다.

즉 흥타령춤축제는 지구 위 모든 춤을 천안으로 데려오는 화려하고 푸짐한 춤의 뷔페라는 뜻입니다. 모두가 함께 뜨거워지는 거기엔 인종도 국가도 없습니다. 마구 뒤섞여 하나가 됩니다. 지구를 들썩이게 해 세계를 하나로 묶는 일을 의태어가 해냅니다.

얼마 전 화장실 벽에서 본 카피. 동사 대신 의태어를 사용함으로써 고압적인 느낌이 아니라 살짝 애교 있게 부탁하는 느낌이 들어 좋았습니다.

copy   소변보신 후 밸브 살짝!

왜 자꾸 화장실 벽에 붙은 카피를 데리고 나오느냐고요? 글쎄요, 몸과 마음이 가벼워져 카피 흡수력이 높아지기 때문 아닐까요? 한 대학 화장실에선 불법 촬영을 경고하는 이런 의성어 카피도 봤답니다.

copy   찰칵하다 철컹해요

라디오 광고 이야기

이쯤에서 라디오 광고 이야기로 넘어가 봅시다. 라디오 광고는 처음부터 끝까지 카피라이터 혼자 지지고 볶을 수 있는 광고입니다. 아트디렉터*나 시엠플래너* 힘 빌리지 않아도 됩니다. 혼자 카피 쓰고 혼자 녹음실 가서 녹음해 오면 됩니다. 라디오는 카피라이터가 자신의 크리에이티브를 내 입맛대로 살릴 수 있는 완전 소중한 매체라는 뜻입니다.

그런데 상당수 광고주나 광고장이는 라디오를 TV 보조 매체 정도로 생각합니다. TV 광고 오디오를 그대로 따 라디오로 옮깁니다. 라디오만을 위한 크리에이티브가 잘 보이지 않습니다. 나태입니다. 나는 카피라이팅 실습 때도 아쉬움을 자주 느낍니다. 라디오 광고 카피 하나 써 보라고 하면 열에 서넛은 이런 카피를 씁니다. 그들 책임이 아닙니다. 늘 이런 광고만 만나 왔기 때문입니다.

copy   나 이런 이유로 힘들어

그렇다면 저런 제품을 써야지

세상에 저런 게 어디 있냐?

있다니까!

정말 있다고?

그래, 이거 엄청 대단한 제품이야!

어머, 세상에 이런 훌륭한 제품도 있었어?

내가 써 봤다니까

---

* art director 광고 비주얼 표현을 책임지는 사람. 흔히 그래픽 디자이너라고 한다. 신문, 잡지, 브로슈어 등 인쇄 매체를 총괄한다.
* commercial message planner TV, 라디오 등 주로 방송 광고를 기획하고 아이디어를 만들어 내는 사람.

나도 당장 사러 가야지!

성우 두 사람이 묻고 대답하는 정답 같은 라디오 광고. 많이 먹었습니다. 이제 그만 먹어도 됩니다. 의성어, 의태어 이야기하다가 라디오 광고 이야기를 꺼낸 이유는, 가끔은 성우 목소리 아닌 다른 '소리'도 생각해 보라는 뜻입니다. 광고에서는 이 '소리'를 사운드 이펙트(sound effect)라고 합니다. 사운드 이펙트만으로 라디오 광고를 만들 수는 없을까요?

물소리. 음식 재료 썻는 소리. 레인지 켜는 소리. 불 확 피어오르는 소리. 도마와 칼 부딪치는 소리. 프라이팬에 음식 재료 쏟아붓는 소리. 시계 초침 움직이는 소리. 지글지글 끓는 소리. 보글보글 끓는 소리. 군침 꿀꺽 삼키는 소리. 맛보고 감탄하는 소리.

이렇게 소리만으로도 광고 한 편을 만들 수 있습니다. 이 소리들의 합창은 어떤 제품 광고일까요? 조미료 광고일 수도 있고 조리 기구 광고일 수도 있고 음식 백화점 광고일 수도 있습니다.

　TV 광고는 시각 광고입니다. 다 보여 주니 소비자는 보여 주는 만큼만 봅니다. 더도 덜도 보지 않습니다. 그러나 라디오 광고는 청각 광고입니다. 직접 보여 주는 게 없으니 소리를 무기로 상상력을 잘 자극하면 얼마든지 큰 그림을 머릿속에 그리게 할 수 있습니다. 성우 목소리만 사용하지 말고 사운드 이펙트도 고려해 보십시오.

16_ 굿바이 옥편
한자어는 북경반점으로 돌려보내십시오

진가, 발휘, 역부족

우리말이 있습니다. 한자어가 있습니다. 어떤 말로 카피를 쓰시겠습니까? 당연히 우리말이라고 대답하시겠지요. 그런데 과연 그렇게 쓰고 있습니까? 그렇지 못할 때가 훨씬 많을 것입니다. 영어나 이태리어나 희랍어라면 어렵지 않게 피할 수 있겠지요. 하지만 한자어를 피해 가기는 어렵습니다.

before 진가를 발휘합니다

자주 쓰는 말입니다. 그러나 진가라는 말과 발휘라는 말은 모두 한자어입니다. 이런 것까지 생각하면서 글을 써야 한다면 머리에 쥐 나지 않겠느냐 묻고 싶겠지요. 맞습니다. 이런 표현이 큰 흠이 되는 건 아닙니다. 하지만 조금 더 세련된 카피라이터가 되려면 조금 더 섬세해질 필요가 있습니다.

after   1. 제대로 합니다

2. 힘이 되어 줍니다

진가나 발휘 쓰지 않고 우리말로 쓴 두 줄입니다. 물론 이것들이 '진가를 발휘합니다'라는 표현과 100퍼센트 같은 뜻이라 할 수는 없습니다. 하지만 뜻 전달에 크게 무리가 없다면 자꾸 이렇게 우리말 쪽을 기웃거리는 게 좋습니다.

before   역부족이었다

역시 자주 쓰는 말입니다. 역부족이라는 한자어 쓰지 않고 우리말로 표현할 수 있을까요? 있습니다.

after   1. 모자랐다

2. 힘이 부쳤다

한자어는 세련미가 떨어집니다. 부드럽지 않습니다. 아무래도 고리타분한 느낌이 듭니다. 첨단기술을 자랑하는 카피에 한자어가 불쑥불쑥 등장한다면 첨단이라는 이미지와 거기에 등장하는 단어가 괴리를 만들겠지요. 공무원 보고서나 법전에 박혀 있어야 할 딱딱하고 생경한 단어를 너무 자주 밖으로 들고 나오지 마십시오.

주어, 술어, 끝

<u>before</u>　한겨레는 진실만을 보도합니다

한겨레신문 카피라 칩시다. 다른 신문에 비해 상대적으로 진실 보도를 많이 한다는 게 그들 주장입니다. 주장을 그대로 카피로 옮겼다 칩시다. 카피 자체로서도 임팩트도 없고 새로움도 없고 대단한 뉴스로 들리지도 않습니다. 여기에선 그런 것 다 떠나 '진실'과 '보도' 한자어 두 개만 노려보십시오. 이 두 단어 쓰지 않고 메시지를 전달하는 게 불가능할까요? 이런 카피는 어떻습니까?

<u>after</u>　한겨레는 씁니다

신문이 하는 일은 쓰는 일입니다. 쓰는 일을 왜 합니까? 보도하기 위해서입니다. 알리기 위해서입니다. 결국 쓰는 일이 곧 알리는 일입니다. 그렇다면 [쓰다]라는 우리말 동사로 [보도]라는 한자어를 대신할 수 있을 것입니다.

　[진실]이라는 한자어도 버렸습니다. 써야 할 것을 쓰지 않는 신문이 너무 많으니 쓴다는 표현만으로도 진실에 눈감지 않는 결기를 충분히 느낄 수 있습니다. 이 카피를 본 사람들은 [씁니다] 앞에 생략된 [진실을]이라는 목적어를 스스로 찾아 읽을 것입니다.

　어떤 압력과 부담이 있어도 써야 할 것은 꼭 쓴다는 메시지. '진실'과 '보도'라는 한자어 쓰지 않고도 전달할 수 있습니다. '한겨레는 진실만을 보도

합니다'라는 카피와 뜻은 같지만 편안함이 다르고 맛도 다르고 힘도 다릅

니다. 무리와 과장도 없습니다. 세상에서 가장 힘 있는 카피는 이처럼 **주어**

와 술어, 딱 두 단어로 된 카피일 것입니다. 나는 이 카피와 똑같은 구조를 가진 슬로건을 쓴 적이 있습니다.

copy   성남은 읽습니다

역시 주어와 술어 두 단어입니다. 성남시는 교육을 위해 이런저런 많은 일을 한다는 것을 알리겠다는 욕심 버렸습니다. [책 읽는 도시]라는 싱글 마인드를 심어 주려고 했습니다. 독서 같은 한자어 쓰지 않았습니다. 이런 우리말 카피가 역시 맛도 좋고 힘도 있지 않습니까?

백화점에서 만난 카피들

얼마 전 백화점에 갔습니다. 10년에 한 번 갈까 말까 하는 백화점에 질질 끌려갔습니다. 처음부터 무엇을 사려는 마음이 없었습니다. 그래서 "저 좀 봐 주세요" 외치는 화려한 상품들은 내 눈에 들어오지 않았습니다. 대신 매장 곳곳에 붙은 벽보가 내 눈을 잡았습니다. 울긋불긋 손 글씨로 쓴 글을 유심히 살폈습니다. 거기엔 한자어가 가득 진열되어 있습니다.

before   우천 관계로

당일

입점하시면

부재중입니다

종료합니다

재발 방지를 위해 만전을 기하겠습니다

구청이나 동사무소 느낌이 나는 백화점. 당신이 고객이라면 찬성하시겠습니까? 단골이 되고 싶겠습니까? 백화점 벽에 붙은 한자어도 다 우리말로 바꿀 수 있습니다.

after   날씨 때문에

오늘

들어오시면

자리를 비웠습니다

끝났습니다

다시는 이런 일이 없을 것입니다

백화점 벽은 재발 방지나 만전 같은 딱딱하고 권위적인 한자어가 붙을 곳이 아닙니다. 가장 정중한 자세로 고객을 맞고, 가장 겸손하고 부드러운 말투로 고객에게 이해를 구하는 말이 붙어야 할 곳입니다.

한자어는 어쩔 수 없는 숙명이 아닙니다. 어쩔 수 있는 숙명입니다. 산도 낯설고 물도 낯선 남의 나라에서 오래 고생한 한자어, 이제 북경반점으로 돌려보내십시오. 짜장면 시켜 먹고 빈 그릇 돌려줄 때 그릇 속에 고이 담아 돌려보내십시오.

당신이 쓴 카피에서 한자어 열 개를 발견했다면 그중 한두 개라도 우리말로 바꾸려고 애써 주십시오. 나도 제대로 못하는 일을 당신에게 자꾸 하라 하라 해서 미안하지만.

PART 2.
이렇게

머리를 씁니다

17_ 사람이 먼저다
상품보다 먼저 사람을 보십시오

아파트 키만큼 길게 걸린 카피

꽤 오래전 이야기입니다. 서울 강남에 있는 매봉터널을 북에서 남으로 지나오면 바로 오른쪽에 달랑 한 동 솟은 아파트. 그곳이 내가 살던 집이었습니다. 남향이라 햇볕이 잘 들어 좋았습니다. 그런데 우리나라에서 둘째라면 서러워할 대기업이 아파트 앞에 고층 스포츠센터를 세운다는 얘기가 들렸습니다. 아파트 코앞에 커다란 벽 하나가 세워진다는 뜻이었습니다.

주민들은 결사반대를 외쳤습니다. 나는 세입자였지만 순전히 카피라이터라는 이유로 대책 회의에 한번 끌려 나갔습니다. 떡도 주고 술도 주고. 주는 대로 먹고 마시고 있는데 무슨 박수 소리가 들렸습니다. 아파트 외벽에 붙을 현수막 카피, 내가 쓰는 걸로 되어 버렸습니다. 떡값을 해야 했습니다. 어떤 카피를 써야 할까? 어떤 카피가 붙어야 우리 아파트에 호의적인 여론을 만들 수 있을까?

<u>before</u> 아파트 코앞에 초고층 빌딩이 웬 말이냐!

시민의 삶 짓밟는 누구누구는 각성하라!

시뻘건 글씨로 휘갈긴 이런 현수막, 누구나 한 번쯤 보셨을 겁니다. 그러나 나는 갈등을 부추기는 카피는 처음부터 쓰지 않겠다고 마음먹었습니다. 또 하나의 집단 이기주의로 보이기 쉬울 거라고 생각했습니다. 나는 저항, 분노, 투쟁 대신 엉뚱하게도 우리 아파트에 사는 아이들 이야기를 했습니다.

<u>after</u> 아이들이 햇볕을 받고 자랄 수 있게 한 뼘만 비켜 지어 주세요

이 카피를 가슴에 품은 현수막이 아파트 키만큼 길게 걸렸습니다. 매봉터널을 지나 출퇴근하는 모든 사람들이 카피를 봤습니다. 반응은 나쁘지 않았습니다. 현수막은 강남 일대에서 작은 화제가 되었고, 이 카피는 저녁 TV 뉴스에 소개됩니다. 대기업은 부담을 느꼈겠지요. 결과는 어떻게 되었을까요? 스포츠센터는 햇볕을 가리지 않을 만큼 정말 한 뼘 옮겨 지어집니다. 우리 아파트 바로 앞은 2층, 조금 비켜서는 초고층. 니은 자 빌딩이 들어선 것입니다.

고발이나 대결에 초점을 맞추지 않고 우리 아이들 이야기를 했기에, 즉 사람 이야기를 했기에 울림을 줄 수 있었고 또 우호적인 여론을 만들 수 있었던 것입니다. 물론 깨알 같은 잘난 척입니다.

그렇습니다. 사람이 카피를 쓰고 사람이 카피를 읽습니다. 이 절대 원칙

아이들이 햇볕을 받고
자랄 수 있게 한 뼘만
비켜 지어 주세요

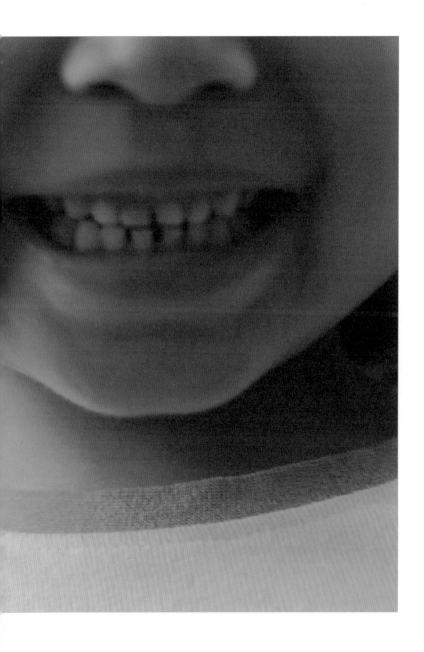

이 바뀌지 않는다면 **사람은 가장 힘 있는, 가장 재미있는, 가장 울림이 큰 주제와 소재일 것입니다.** 광고제에서도 휴머니티(humanity)가 상을 휩씁니다. 사람은 영원히 죽지 않을 크리에이티브 테마입니다. 이 장에서는 사람과 사람 냄새 이야기를 해 볼까 합니다.

사람, 사람, 사람

copy   1. 살찔 염려 없는 라면이 나왔습니다

        2. 패션모델이 먹는 라면

1과 2는 같은 얘기입니다. 현대인의 고민을 해결해 줄 놀라운 라면이 나왔다는 얘기입니다. 그런데 약간 차이는 있습니다. 1은 상품 이야기입니다. 2는 사람 이야기입니다. 어떤 이야기에 더 많은 귀가 모이겠습니까? 맞습니다. 사람 이야기입니다. 사람은 사람 이야기를 가장 듣고 싶어 합니다. 당신이 가장 흥미로워하는 뒷담화도 늘 사람 이야기 아닙니까?

상품을 보지 말고 그 상품을 사용할 사람을 보십시오. 상품을 보여 주지 말고 그 상품을 사용할 사람을 보여 주십시오. 죽은 상품에서 *끄집어낸* 죽은 이야기를 하지 말고 살아 있는 사람에서 *끄집어낸* 살아 있는 이야기를 하십시오. 재미, 흥미, 의미 모두 사람에서 나옵니다.

copy   술맛의 10%는 술을 빚은 사람입니다

        나머지 90%는 마주 앉은 사람입니다

동의하십니까? 처음엔 술 광고 카피로 썼는데 나중에 내 책에 실려 더 많은 사람들이 좋아해 줬던 글입니다. 어떤 사람은 이 글을 읽고 "카, 취한다!" 감탄사를 내뱉기도 했습니다. 카피도 술처럼 접근하십시오. 상품에 10퍼센트 시선을 준다면 그 상품을 사용할 사람에겐 90퍼센트 시선을 주십시오. 같은 이야기를 다르게 할 수 있습니다.

윤선생영어 방문교사 모집 광고 헤드라인. 가정주부로 만족하지 말고 윤선생이 되라는 메시지, 그래서 보람도 찾고 수입도 찾으라는 메시지를 던져야 했습니다.

<u>before</u> 엄마에서 선생님으로!

이런 카피를 던질 수도 있겠지요. 이 한마디로도 할 이야기 다 하고 있으니까요. 그런데 카피가 조금 건조해 보입니다. 사람 냄새가 덜 나는 것 같습니다. 사람이 살아 움직이는 느낌을 더 주고 싶었습니다. 이렇게 썼습니다.

<u>after</u> 어머니, 밖으로 나오세요!

사람이 사람에게 직접 하는 말입니다. 아파트 베란다에서 빨래 널고 있는 주부에게 저 아래에서 누군가 손 흔들며 말을 거는 것 같지 않습니까? 단순한 직업 권유가 아니라 그녀에게 펼쳐질 흥미진진한 드라마의 시작을 알리는 것 같지 않습니까? 이것을 사람 냄새라 불러도 좋을 것입니다.

사람의 성분

사람 이야기를 하려면 먼저 사람의 성분을 알아야겠지요. 우리 몸의 성분은 무엇일까요? 칼슘이나 물 같은 것일까요? 나는 사람의 성분이 이런 것들이라고 생각합니다.

사랑

긍정

용기

희망

위로

감사

믿음

겸손

배려

그런데 요즘은 이들이 많이 위축되어 있습니다. 돈, 승리, 효율, 개발 같은 성분이 활개 치기 시작하면서부터입니다. 그러나 이런 세상이 오래가지는 않을 거라 믿어 봅니다. 승리나 효율은 사람의 원래 성분이 아니니까요. 우리가 위로, 감사, 배려 같은 우리의 원래 성분을 자꾸 불러내 카피도 쓰고 크리에이티브도 만들어 낸다면 머지않아 다시 이들이 활발하게 움직이는 사람 사는 세상이 올 거라 믿어 봅니다.

copy   손해 봅시다

한겨레신문 프레젠테이션 때 이런 멍청한 캠페인 슬로건을 썼습니다. 나만, 내 가족만, 우리 동네만 잘살면 된다는 이기심으로 꽉 찬 우리 모두에게 생각할 거리를 던져 주려는 심산이었습니다. 한겨레 정도라면 이런 이야기를 해도 된다고 믿었습니다. 사람의 성분 중 배려를 불러내 내 이야기를, 아니 내 아내 이야기를 카피로 썼습니다.

copy   남편 친구들에게 또 놀러 오라 했습니다
        또 놀러 왔습니다

그냥 인사말이었습니다. 새벽까지 또 술안주 만들고 싶어서가 아니었습니다. 아래층 할머니 꾸지람을 다시 듣고 싶어서가 아니었습니다. 맹세코 그냥 인사말이었습니다. 그런데 한 달도 채 지나지 않아 우리 세수씨밖에 없다는 너스레를 앞세우며 다시 찾아온 것입니다. 남편이 미웠습니다. 친구들도 미웠습니다. 하지만 술잔을 주고받으며 사람에 취해 가는 그들 표정만은 미워할 수 없었습니다. 행복한 표정 한번 마음 놓고 지을 여유도 없는 이 시대 아빠들. 그들이 그날 밤은 많이 행복해했습니다. 물론 잠도 못 자고 냉장고도 털리고 손해 좀 봤습니다. 하지만 왠지 가슴 따뜻해지는 손해였습니다. 오늘은 언제 또 찾아올지 모를 손해를 위해 안줏감 좀 미리 사 둘까 합니다.

손해 봅시다, 한겨레

이런 카피를 쓰려면 기술에게 시켜서는 안 됩니다. 기술처럼 기역 시옷으로 시작하는 두 음절 단어인 가슴에게 시켜야 합니다. 가슴에게 연필을 쥐여 줘야 합니다.

문제도 사람, 답도 사람

자살예방 캠페인 의뢰를 받았습니다. 자살을 하려는 것도 사람. 이를 염려하는 것도 사람. 결국 사람입니다. 사람이라는 문제를 사람이라는 답으로 풀어야 합니다.

> 염려하다
>
> 이해하다
>
> 위로하다
>
> 배려하다

누군가의 자살을 걱정하는 사람이 취해야 할 행동입니다. 어느 하나 빠뜨릴 수 없는 귀한 행동입니다. 그런데 이 모든 행동을 다 아우르는 말은 없을까요? 있다면 그 말 한마디만 던지면 될 텐데, 아쉽게도 그런 말은 세상에 없는 듯합니다. 자, 그런 말이 없다면 이제 남은 방법은 하나뿐. 말을 만들어 버리는 것입니다.

위에 나열한 말은 새롭지 않습니다. 공익 광고나 기업 광고에서 흔히 접했던 말입니다. 그런데 말을 새로 만든다면, 새로운 동사를 만들어 이렇게 행동하자고 호소한다면, 말이 신선한 만큼 카피의 힘은 더 강할 것입니다.

사람하다

이런 동사를 제안했습니다. 물론 세상에 없는 말입니다. 없는 말이지만 캠페인 후엔 있는 말이 될 거라 했습니다. 사람하다? 무슨 말이지? 당연히 이런 질문이 나올 테고, 이때 이 동사가 거느린 모든 의미를 줄줄 읊어 주면 됩니다. [염려하다+이해하다+위로하다+배려하다=사람하다].

이런 공식을 만들어 국민에게 안기자고 했습니다. 누군가의 절망을 그냥 지나치지 않고 사람 노릇 하는 걸 [사람하다]라는 동사로 표현하자는 것입니다. 새로운 동사를 사용한 슬로건, 이렇게 썼습니다.

<u>copy</u>   사람하세요

짧습니다. 새롭습니다. 따뜻합니다. 편안합니다. 의외성이 있어 직당한 호기심도 불러일으킵니다. 슬로건이 갖춰야 할 성질은 모두 갖춘 카피입니다. 카피의 힘은 낯섦에서 나온다고 했습니다. 사람+하세요. 이 조합 역시 낯설고 불편합니다. 이 카피는 자살을 말리려는 사람에게 이렇게 전달될 것입니다.

사방을 둘러봐도 절망만 보이는 사람에게, 사람하세요.

변명 한마디 들어 줄 귀가 없는 사람에게, 사람하세요.

마포대교에서 걸음을 멈춘 사람에게, 사람하세요.

눈물 뚝뚝 흘리며 유서를 쓰는 사람에게, 사람하세요.

사랑하세요

풀무원 카피로 썼다가 나가지 못하고 죽은 자식이 있습니다. 이 카피엔 휴머니티를 넘어 생명존중 철학이 담겨 있습니다. 이런 카피는 마음을 움직이게 합니다. 내 생각과 행동을 돌아보게 합니다. 그만큼 울림이 크다는 뜻입니다.

copy 콩을 심으려면 세 개씩 심게
　　　하나는 땅속 벌레의 몫
　　　하나는 하늘을 나는 새의 몫
　　　나머지 하나가 사람의 몫이라네

그런데 이 카피는 내 연필 끝에서 나온 게 아닙니다. 풀무원 창업자 생각을 그대로 옮긴 것입니다. 원경선 할아버지. 그에겐 독특한 생명철학이 여럿 있습니다. 하나 더 소개하면 이런 것입니다.

　주방에서 뜨거운 물을 수챗구멍에 그대로 버리지 마라. 수챗구멍 안에도 미생물이 산다. 그들도 거기 있어야 할 이유가 있으니 있는 것이다. 뜨거운 물은 그들을 죽인다. 꼭 식혀서 버려라. 맞는 얘기인지 나는 모릅니다. 따라 할 사람은 따라 해 보십시오.

스토리텔링은 ○○다

많은 사람들이 스토리텔링을 이야기합니다. 스토리텔링이란 알리고자 하는 것의 개념을 전달하는 게 아니라 그것이 주인공이 되는 스토리, 즉 드라마를 만들어 들려주고 보여 주는 것이라고 나는 이해합니다.

전어라는 생선 아시지요? 내가 대학 다닐 때만 해도 녀석은 천대받는 생선이었습니다. 포장마차에서 곰장어 한 접시 안주로 시키면 전어 서너 마리는 공짜로 구워 줬습니다. 그때까지는 사람들이 전어를 이렇게 설명했습니다.

before 가시 많고 기름기 자르르한 생선

그런데 녀석이 각광받기 시작합니다. '가을 전어'라는 말이 생겨 입에서 입으로 돌아다닙니다. 그사이 전어 맛이 크게 달라진 걸까요? 전어가 지난날을 반성하고 맛있어지기로 결심이라도 한 걸까요? 전어가 가을 대표 생선으로 우뚝 선 데는 그가 주인공으로 등장하는 스토리텔링이 크게 한 몫했을 거라 나는 추측합니다. 바로 이 한마디.

after   집 나간 며느리도 돌아온다는 생선

얼마나 맛있으면 전어 굽는 냄새를 맡고 집 나간 며느리가 돌아올까요? 괴나리봇짐 가슴에 안고 슬며시 집으로 걸어 들어오는 며느리 모습이 보이지 않습니까?

가시 많고 기름기 자르르한 생선. 이건 생선 이야기입니다. 집 나간 며느리도 돌아온다는 생선. 이건 사람 이야기입니다. 전어에 며느리라는 사람 이야기를 입혔더니 굴비 부럽지 않은 생선으로 다시 태어날 수 있었던 것입니다. 돌아온 며느리가 겨울에 또 집을 나갔는지 궁금하다고요? 내 며느리 아니니 그건 나도 모릅니다. 자, 허튼 질문 하지 마시고 스토리텔링이 뭔지 잘 모르겠다면 이렇게 외워 버리십시오.

스토리텔링은 전어다

전어에게 며느리 이야기를 입힌 것과 똑같이 흉내 내 보십시오. 광어에겐
사위 이야기를, 복어에겐 처조카 이야기를 갖다 붙여 보십시오. 누구나
훌륭한 스토리 한두 개는 어렵지 않게 생산할 수 있을 것입니다.

스토리텔링은 전어다

18_ 제품을 향해 달려가는 광고

죽 쒀서 강아지 주지 마십시오

광고와 제품을 이어 주는 고리

한때 [따봉]이라는 말이 유행했습니다. 따봉은 한 주스 광고에 나오는 카피였는데 사람들은 누군가를 과하게 칭찬할 때 엄지손가락을 추켜올리며 "따봉! 따봉!" 소리쳤습니다. 그런데 막상 가게에 가면 따봉은 생각나는데 그게 어떤 제품을 파는 카피인지 생각나지 않습니다. 아무 주스나 들고 나옵니다.

따봉은 어떤 주스 카피였을까요? 델몬트였습니다. 머릿속에 따봉을 떠올리고도 그것을 델몬트로 연결하지 못하는 사람들은 선키스트를 들고 나왔습니다. 광고는 소위 대박을 쳤는데 판매가 따라 주지 못하는 답답한 상황이 벌어진 것입니다. 델몬트는 견디다 못해 따봉주스라는 브랜드를 만들어 판매합니다.

광고는 아는데 제품이 생각나지 않는다면 그 광고는 무기징역감입니다. 365일 야단맞아도 쌉니다. 더 심각한 경우도 있습니다. 경쟁 제품 광고로 기억하는 경우입니다. 실컷 돈 들여 다른 제품 팔아 주는 꼴입니다. 사형 감입니다. 왜 이런 광고가 끊임없이 만들어질까요? 광고와 제품을 연결 하는 고리가 약하거나 아예 없기 때문입니다.

광고는 제품을 향해 달려가야 합니다

그것이 무엇이든 광고와 제품을 이어 주는 고리 하나쯤은 있어 줘야 합 니다. 헤드라인을 읽으면 브랜드가 바로 떠오른다거나, 모델을 보면 제품 이 보인다거나, 특정 음악이나 컬러를 10년이고 20년이고 주야장천 사용 해 그 제품 것으로 만들어 버린다거나. 그래야 무기징역이나 사형 선고 받는 광고를 피할 수 있습니다.

비에이치씨(BHC)치킨은 모델 전지현과 브랜드를 어떻게든 연결하려고 그녀 이름 뒤에 글자 하나를 더 붙인 카피를 마련하기도 했습니다. 카피 라이터가 누구인지 모르지만 노력이 눈물겹지 않습니까?

copy 전지현씨 비에이치씨!

페리카나치킨 카피라이터, 생수 브랜드 몽베스트 카피라이터도 만만치 않습니다. 카피라이터의 자존심일 수도 있는 맞춤법과 띄어쓰기를 포기 하면서까지 제품과 광고의 연결 고리를 마련했습니다.

copy 배고플땐 어떠카나?

양념치킨 페리카나!

copy 몽마를때 몽베스트

달려, 달려, 달려

이런 신문 광고도 기억납니다. '낙지대학 떡볶이꽈'라는 스낵전문점 체인점 모집 광고였는데 헤드라인을 주목해 주십시오.

copy 대학 총장님보다 많이 벌어 죄송합니다

왜 이재용보다 많이 번다고 하지 않고 대학 총장님보다 많이 번다고 했을까요? 연결 고리를 만들기 위해서지요. 낙지대학엔 총장님은 살지만 이재용 님은 살지 않으니까요. 카피는, 광고는 이렇게 제품을 향해 힘차게 달려가야 합니다.

아메리카나는 롯데리아 같은 패스트푸드점입니다. 초등학생들이 이곳에서 햄버거, 콜라를 들고 시끌벅적 까부는 광고. 아이들이 주고받은 랩은 어떤 카피였을까요?

copy 아메리카나
맛있나?
아메리카나

제품을 향해 달리는 길, 과속을 권 장 합 니   다

재밌나?

아메리카나

먹고 싶나?

나, 나, 나는 아메리카나

가 봤나?

아메리카나라는 브랜드의 마지막 글자 [나]에 초점을 맞춘 카피입니다. 왜냐고요? 롯데리아는 '아'로 끝나고 아메리카나는 '나'로 끝납니다. 그래서 '나'라는 글자를 브랜드를 향해 달려가는 연결 고리로 사용한 것입니다. 이 광고 보고 제발 롯데리아 좀 가지 말아 달라는 애원 같은 카피였습니다.

영어 못하는 정철

나는 영어를 못합니다. 그런데 이름이 정철입니다. 이름만 듣고 영어 잘하는 그 정철이냐고 자꾸 묻습니다. 그 정철 아니라고 대답하는 것도 꽤 귀찮은 일입니다. 그래서 내 카톡 대화명은 아예 '영어 못하는 정철'입니다. 내 이름 듣고 제발 정철영어 좀 떠올리지 말아 달라는 애원 같은 대화명입니다.

영어 못하는 게 자랑이냐고요? 자랑은 아니지만 희망일 수는 있습니다. 우리말을 사랑하느라 영어 잘할 틈이 없었던 이 땅의 동지들이여, 어깨 펴십시오. 까짓 남의 나라 말 못해도 되고 못 알아들어도 됩니다. 영어 못하는 나 같은 놈도 카피라이터 합니다. 심지어 영어 카피도 씁니다. 정말이냐고요? 정말입니다. 내가 딱 초등학생 영어 실력으로 쓴 카피 몇 줄을 증거로 제시합니다.

삼성전자 고급 가전 브랜드였던 하우젠. 나는 하우젠이라는 브랜드를 듣는 순간, [How are you?]라는 영어 한마디를 떠올렸습니다. 발음이 비슷하니까요. 집에 하우젠을 갖춘 사람이라면 그 사람이 어떻게 사는지 묻지 않아도 알 수 있다는 뜻으로 이런 카피를 썼습니다.

copy   어떻게 사세요? 물으면 그냥 웃지요
         대답 대신 하우젠을 보여 드리지요

         How are you? 하우젠

슬로건이 브랜드로 쉽게 연결되지 않습니까? 영어 카피를 쓰려면 이처럼 초등학생도 아는 쉬운 영어를 데리고 와야 합니다. 카피라이터의 영어 실력을 뽐내려 해서는 안 됩니다.

S-OIL의 S는 어떤 단어의 약자일까?

이 질문은 그다지 중요한 질문이 아니라고 생각합니다. 남의 회사 이름이 어떤 뜻으로 지어졌는지 소비자는 관심 없습니다. 소비자는 LG가 왜 LG인지 애써 찾아보지 않습니다. 하지만 본래 뜻과 관계없이 다음 질문은 꽤 의미 있어 보입니다.

소비자가 S-OIL의 S를 무슨 뜻으로 받아들이면 좋을까?

실제 의미와 받아들이는 의미가 달라도 된다는 얘기입니다. 소비자가 쉽
게 받아들일 수 없는 어려운 말이라면 그 뜻이 아무리 우월하다 해도 버
릴 줄 알아야 합니다. 그래서 S-OIL 프레젠테이션 때 이런 영어 슬로건
을 내밀었습니다.

copy   Save oil

기름을 절약해 주는 주유소라는 뜻입니다. 연비 높은 기름을 판다는 뜻
입니다. 기업 이름 지을 때의 실제 뜻과는 무관합니다. 하지만 소비자가
S-OIL의 S를 Save의 S라 생각한다 해서 손해 볼 일은 없을 것입니다. 이
슬로건 역시 브랜드를 향해 씩씩하게 달려가지 않습니까?

copy   (벨 소리) 띵동!
　　　 (주부가 문을 열며) 삼성전자도 늦을 때가 있네요
　　　 (AS 기사가 냉장고 쪽으로 다가가며) 이거 다 하고 시계도 봐 드릴
　　　 게요
　　　 (벽시계가 고장 난 것을 안 주부) 어머, 우리 시계가

　　　 틀림없는 사람들, 삼성전자

삼성전자 애프터서비스 TV 광고 카피입니다. 삼성전자 서비스 정신이 어

떻게 고객과 만나는지 생생하게 보여 주려고 준비했지만 광고가 되지 못하고 죽은 크리에이티브입니다. 지금 다시 보니 아쉽게도 연결 고리가 안 보입니다. 삼성전자를 LG전자로 바꾸어도 아무 문제 없습니다.

내가 풀지 못한 숙제, 당신이 풀어 주십시오. 이 광고 어디에든 브랜드로 연결되는 고리 하나를 만들어 붙여 주십시오. 대화 속에 욱여넣어도 좋고, 영상에서 보여 줘도 좋고, 음악이나 음향을 붙여도 좋고, 슬로건을 비틀어도 좋습니다.

카피 실습, 본문에선 더는 안 한다고 하지 않았냐고요? 그랬습니다. 이건 카피 실습이 아니라 생각 실습입니다.

19 브랜드!
브랜드!
브랜드!
브랜드네임에서 아이디어를 찾으십시오

결혼해 듀오

누군가 묻습니다. "최근 가장 인상 깊은 광고가 뭐죠? 눈에 띄는 카피가 뭐죠?" 나는 질문을 기다렸다는 듯 대답합니다.

<u>copy</u>   결혼해 듀오

결혼정보 회사 듀오 슬로건입니다. 말장난 같은 이 카피를 나는 아주, 몹시, 대단히, 엄지 두 개 추켜올려 주고 싶을 만큼 훌륭한 카피라고 생각합니다. 불과 다섯 글자 속에 브랜드네임과 그 브랜드가 무슨 일을 하는지 눌러 담아 명쾌하게 전달합니다. 슬며시 미소 짓게 하는 힘도 있습니다. 확장성 또한 무궁무진합니다. 사랑해 듀오. 행복해 듀오. 내 곁에 있어 듀오.

결혼정보 회사에 운명을 맡기겠다고 결심한 솔로가 이 카피를 봤다면, 회사 이름이 헷갈려 선우나 가연에 전화하는 일은 없을 것입니다.

<u>copy</u>　스칼프는 두피, 메드는 약입니다

또 하나 인상 깊었던 카피는 탈모 치료제 스칼프메드 카피입니다. 이 카피는 매체량이 뒷받침되지 않아 많이 알려지진 않았지만 듀오 못지않은 훌륭한 한 줄이라고 생각합니다. 스칼프메드라는 어려운 브랜드네임을 카피 안에 절묘하게 담았고 그것이 탈모 치료제임을 알립니다. 아주, 몹시, 대단히 멋집니다. 요즘 이마가 조금씩 넓어지는 내 머리가 가장 먼저 떠올린 브랜드는 바로 이 스칼프메드였습니다.

브랜드네임을 활용하십시오. 슬로건 또는 헤드라인에 넣어 쓸 수만 있다면 두말 말고 적극 갖다 쓰십시오. 내가 듀오와 스칼프메드 카피를 거품 물고 칭찬한 이유는 브랜드네임에서 카피 아이디어를 찾아냈기 때문입니다.

대우아파트 광고를 한다면 [대우받는 아파트]나 [대우받으면 행복해요] 같은 카피를 먼저 떠올리는 게 당연합니다. 그쯤은 누구나 생각할 수 있는 카피라며 걷어차 버리지 마십시오. 그것이 생각의 문일 수 있습니다. 그 문을 열고 들어가 붙이고 자르고 비틀고 뒤집고 하다 보면 기대 이상의 조합을 찾아낼 수 있습니다.

  앞 장에서 나는, 광고는 제품을 향해 힘차게 달려가야 한다고 했습니다. 제품과의 연결 고리가 있어 줘야 한다고 했습니다. 가장 탄탄한 연결 고리가 바로 브랜드입니다.

하나뿐입니다

하나은행이라는 브랜드에서 내가 가장 먼저 떠올린 키워드는 무엇이었을까요? 당연히 [하나]였습니다. 이런 슬로건을 내밀었습니다.

copy   하나뿐입니다

국민은행이나 신한은행이 쓰고 싶어도 쓸 수 없는 슬로건. 오직 하나은행 몫이 되기 위해 기다려 온 슬로건. 하나은행이 써야지요. 쓸 수 있다면 악착같이 써야지요. 나는 이 슬로건 아래에 숫자 1을 헤드라인으로 세우는 카피 몇 개를 정리했습니다.

copy   (헤드) 1인을 위해

(서브) 한 사람을 위해 열 사람이 달라붙는 은행, 하나뿐입니다

(헤드) 1분이라도

(서브) 고객의 시간을 훔치지 않는 은행, 하나뿐입니다

(헤드) 마지막 1%까지

(서브) 99% 서비스는 100%가 아니라고 말하는 은행, 하나뿐입니다

특히 **론칭* 광고에선 브랜드네임 전달이 무엇보다 우선**입니다. 광고 하나로 브랜드도 알리고 제품도 팔고 좋은 이미지도 심을 수 있으면 더없이 좋겠지만 그게 어디 쉬운 일입니까? 나 그 이름 들어 봤어! 최소한 이 한마디는 얻어 내야 합니다. 브랜드네임에서 론칭 아이디어를 발견한다면 그 브랜드는 보다 쉽게 소비자 머릿속으로 입장할 수 있겠지요.

대한민국이 IMF 구제금융 아래에 놓였을 때 금융기관이 도미노처럼 쓰러졌습니다. 제일생명도 쓰러졌습니다. 독일 생명보험 알리안츠가 제일생명을 먹었습니다. 그때 알리안츠 론칭 캠페인 프레젠테이션을 했습니다.

당시 알리안츠라는 브랜드의 국내 인지도는 제로에 가까웠습니다. 미국 생명보험사들의 인지도는 어느 정도 계량할 수 있었지만 유럽 출신 알리안

• launching 진수, 발사, 착수라는 뜻. 캠페인의 시작을 알리는 첫 광고를 말한다.

츠를 알아주는 사람은 많지 않았습니다. 인지도부터 올려야 했습니다. 내가 제시한 슬로건은 여섯 글자였습니다.

copy   알리안츠 러브

캠페인 슬로건에 브랜드네임을 통째로 넣어 버렸습니다. 소비자가 이 슬로건을 받아들여 주기만 한다면 브랜드네임은 그들 머릿속에 무혈입성하게 되는 것이지요. 나는 슬로건을 이렇게 설명했습니다.

   세상에는 여러 종류의 사랑이 있다. 아가페, 에로스, 에피투미아 그리고 알리안츠. 당신은 잘 몰랐을지 모르지만 알리안츠도 사랑의 하나다. 아가페, 에로스만 기억하지 말고 이참에 알리안츠도 기억해 둬라. 알리안츠가 어떤 사랑이냐고? 한번 사랑하면 끝까지 사랑하는 것. 뒤돌아보지 않고 무식하게 사랑하는 것. 그런 사랑을 알리안츠 러브라고 한다.

   이렇게 알리안츠가 원래 사랑의 한 종류였던 것처럼 말하겠다고 했습니다. 카피는 이렇게 정리했습니다. 생명보험이니 끝까지 사랑한다는 말이 말이 되었을 것입니다.

copy   알리안츠 러브를 아세요?
          한번 사랑하면 끝까지 사랑한다
          세상은 이런 사랑을 알리안츠 러브라고 합니다

          끝까지 사랑합니다, 알리안츠생명

한참 후 그러니까 알리안츠 인지도가 아주 조금 올라간 후, 또 한 번 알리안츠에게 프레젠테이션할 기회를 얻었습니다. 이번에도 브랜드에서 카피 아이디어를 찾았습니다. 내가 주목한 건 알리안츠의 첫 글자 [알]이었습니다.

copy   알아요 알리안츠!

가족에 대한 당신의 사랑, 알아요! 미래에 대한 당신의 불안, 알아요! 당신의 꿈, 아들딸들의 꿈, 알아요! 금융은 원칙을 지켜야 한다는 사실, 알아요! 리스크를 관리하는 최선의 방법, 알아요! 당신이 어떤 보험을 원하는지, 알아요! 당신의 믿음은 어디에서 오는지, 알아요!

　[알아요 알리안츠!] 쉽게 입에 붙습니다. 브랜드와의 연결 고리도 탄탄합니다. 아직은 상대적으로 낮은 인지도를 올리는 데도 효과가 있을 거라 생각했습니다.

4년에 한 번씩 출고되는 제품

정치 광고는 사람이 제품입니다. 매장은 여의도에 있고 4년에 한 번씩 출고됩니다. 그다지 신선한 제품은 아니지만 그렇다고 또 전부가 하자투성이는 아닙니다. 잘 고르면 꽤 괜찮은 제품도 있습니다. 사람이 제품이니 그 사람 이름이 곧 브랜드네임입니다. 이 제품은 브랜드네임 잊히는 걸 싫어합니다. 못 견뎌 합니다. 그래서 나는 정치인 이름을 집어넣은 슬로건이나 헤드라인을 자주 생산했습니다.

경기도 교육감 선거에 출마한 이재정 후보. 통일부 장관까지 지냈지만 인지도는 그리 높지 않았습니다. 이름부터 알려야 했습니다. 교육감 후보는 정당 후보도 아니고 또 특정 기호를 배정받지도 않습니다. 이름을 알리지 못하면 표를 얻을 수 없습니다. 나는 가장 노골적인 헤드라인을 썼습니다.

copy   암기하라, 이재정!

그리고 카톡으로 두 사람이 대화하는 크리에이티브를 만들었습니다. 대화는 이재정이라는 브랜드네임 알리는 일 하나에 목숨 걸었습니다.

copy   너, 이재정 아니?
       몰라.
       경기도 살잖아?
       살아.
       근데 교육감 후보를 몰라?
       몰라.
       민주진영 단일후보인데!
       아, 그 사람이 이재정이야?
       성공회대 총장이었지.
       아, 그 사람이 이재정이야?
       노무현 정부 땐 통일부 장관이었어.
       아, 그 사람이 이재정이야?
       찍을 거야?

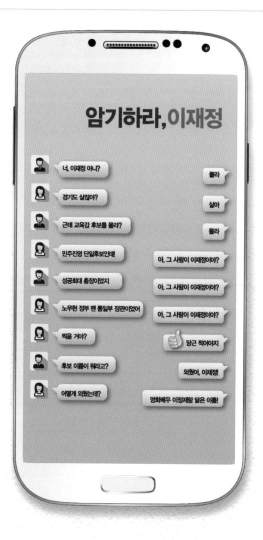

당근 찍어야지.

후보 이름이 뭐라고?

외웠어, 이재정!

어떻게 외웠는데?

영화배우 이정재랑 닮은 이름!

마지막으로 아우디 라디오 광고 카피 하나만 더 소개합니다. 독일 차 하면 벤츠나 BMW를 먼저 생각하는 우리나라 사람들에게 아우디라는 브랜드도 있다는 사실, 독일 사람들이 진정 인정하는 차는 아우디라는 사실을 알리려고 만든 광고입니다. 아이디어도 브랜드에서 끄집어냈고 카피도 브랜드네임 하나로 끝까지 끌고 갔습니다.

copy   안전의 독일어가 뭔지 아니?

아우디!

성능의 독일어는?

아우디!

디자인의 독일어는?

아우디!

그러니까 명차의 독일어도?

아우디!

독일어는 몰라도 독일 차는, 아우디!

20_ 귀에 들리는 말
그들의 언어를 채집하십시오

말을 채집하는 방법

정범구는 TV 토론 진행자로 잘 알려진 사람입니다. 하지만 그의 고향 충청도 어르신들에겐 생소한 이름이었습니다. 어릴 때 고향을 떠났으니 그럴 만도 합니다. 그런 그가 고향 충북 보궐선거에 출마했습니다. 우선 이름을 알려야 했습니다. 그래서 슬로건에 정범구라는 이름을 넣기로 했습니다.

또 하나 숙제는 친근감. 내 사람이라는 느낌. 그는 지적이고 스마트한 이미지이지만 시골에선 그것이 꼭 장점으로 작용하지 않습니다. 오히려 거리감으로 느껴질 수도 있습니다. 내 고향이 낳은 대단히 똑똑한 양반이라는 사실만큼 나랑 똑같은 털털한 충청도 양반이라는 사실도 중요했습니다. 그래서 그에게 표준말 대신 충청도 사투리를 안겼습니다.

copy 그려, 정범구여!

이 구수한 사투리 한 줄이 그의 슬로건이었습니다. 인지도를 올리기 위해 이름을 집어넣었고, 모처럼 고향에서 똑똑한 후보가 나왔으니 그를 밀어 주는 것이 우리가 해야 할 도리 아니겠느냐는 뉘앙스를 담았습니다. 이른바 대세를 잡아 가는 전략입니다.

하지만 이 슬로건의 가장 큰 건더기는 그들의 언어를 사용했다는 점입니다. 그들 귀에 들리는 말을 했다는 점입니다. 충청도 사투리로 후보와 유권자 간 거리를 좁혀 내 사람이라는 느낌을 주려 했다는 것입니다.

카피라이터는 말을 채집하는 사람입니다. 무조건 새로운 말, 기발한 말, 호기심을 자극하는 강한 말을 채집하는 게 아니라 타깃에 걸맞은 말을 채집하는 사람입니다. 초등학생이 타깃이라면 초등학생이 쓰는 말을, 우주인이 타깃이라면 우주인이 쓰는 말을 던지며 접근하는 게 좋습니다.

어떻게 채집해야 할까요? 그들 속으로 들어가야 합니다. 고등학생에게 말하려면 고등학생 속으로 들어가야 합니다. 떡볶이, 햄버거 배 터지게 사 주며 그들 이야기를 귀 아프게 듣고 그들의 언어 습관을 통째로 훔쳐 오십시오. 수능 학습지 회사가 돈 싸 들고 달려와 제발 우리 학습지 카피 좀 써 주십시오, 조를 것입니다.

어르신들에게 말하려면 어떻게 해야 할까요? 노인대학으로 가는 겁니다. 하루 종일 박카스 따 드리고 어깨 주물러 드리며 그들이 사용하는 말과 말투를 낱낱이 적어 오십시오. 보청기 회사에서 당장 만나자는 연락이 올 것입니다. 내가 자주 쓰는 말이 들릴 때, 이건 내게 하는 말이야! 반응하며 귀가 커집니다.

카피라이터는 말을 채집하는 사람입니다

전라도 사투리 셋

싸목싸목

항꾸네

암시랑토

아는 말인가요? 들어 보긴 했는데 뜻은 잘 모르겠다고요? 조급과 성급을 자제하는, 싸목싸목. 포용과 공존의 뜻을 지닌, 항꾸네. 웬만한 상처는 툭 털고 가는, 암시랑토. 누군가는 전라도 정신으로 이 셋을 꼽기도 했습니다.

이 세 가지 사투리로 문장 하나를 만든다면 이런 문장이 나올 수 있습니다. "처음엔 무거운 마음으로 내려와 싸목싸목 다녔는데 항꾸네 하자고 손도 잡아 주시고 해서 이젠 암시랑토 안 해요." 전라도 인심이 좋다는 말, 어쩌면 이 세 가지 사투리를 가졌기에 하는 말인지도 모릅니다.

2023년 순천만정원박람회 카피 작업 때 길 이름도 고민해야 했습니다. 박람회장을 따라 난 길. 걷다 보면 순천을 한눈에 알 수 있는 길. 나는 순천의 정체성을 확실히 담은 이름을 제안했습니다.

name   싸목싸목길

느리게 걸으며 자연도 호흡하고 여유도 챙기는 길. 길을 걷는 것도 그렇지만 인생도 너무 조급해하지 말고 싸목싸목 가라고 가르쳐 주는 길. 그래서 싸목싸목길.

순천이 순천만정원박람회를 하는 이유도 크게 다르지 않을 것입니다. 개발, 성장, 효율처럼 시간을 다투는 성급한 단어를 뒤로 물리고, 조금 느리더라도 살짝 더디더라도 자연과 사람이 함께 가자는 뜻일 것입니다. 싸목싸목 가자는 뜻일 것입니다.

한번 들으면 귀에 남을 이름입니다. 무엇보다 전라도 순천다운 이름입니다. 경상도 창원에서는, 강원도 속초에서는, 충청도 천안에서는 쓸 수 없는 이름입니다.

단어 선택도 마찬가지입니다. 그들의 단어를 채집하십시오. 프로야구 선수 호주머니를 노리는 광고라면 삼진, 번트, 사이클링히트, 벤치클리어링 같은 야구 용어를 출전시키십시오. 내 이야기로 들릴 것입니다. 정치인 눈을 잡을 광고라면 여의도, 투표, 당선, 금배지, 불체포특권 같은 말을 놓쳐서는 안 되겠지요.

이야기하는 사람이 아니라 듣는 사람의 말, 생각, 행동, 습관을 관찰하고 그것에서 생생한 카피를 뽑아내십시오. 공감과 설득력은 커지고 거부감은 줄어듭니다.

오래전 주식 투자를 한 적이 있습니다. 얇은 귀 때문인지 재테크에 소질이 없어서인지 다 말아먹었습니다. 그 후로 주식 시장은 쳐다보지도 않습니다. 하지만 그때 손해가 100퍼센트 손해는 아니었습니다. 덕분에 주식 시장을 조금 알았고 그들이 어떤 말을 하는지도 들었습니다. 그래서 증권회사 경력 사원 모집 광고 카피 쓰는 일이 그리 어렵지 않았습니다.

copy (헤드) 상한가로 모십니다

(서브) 당신의 능력을 굿모닝증권에 상장하십시오

상한가. 상장. 이런 단어는 증권장이들의 말입니다. 물론 일반인도 다 아는 쉬운 말이지만, 신문 한 귀퉁이에 이런 말이 놓인다면 가장 먼저 눈이 가는 건 역시 증권장이일 것입니다.

무슨 한자일까요?

醫

치료할 의. 의사라고 할 때 그 '의' 자입니다. 처음 만나는 한자는 아니지만 그대로 베껴 쓰기도 쉽지 않은 꽤 어려운 한자입니다. 만약 광고에 이 복잡하게 생긴 한자가 헤드라인으로 등장한다면 가장 먼저 시선을 주는 사람은 누구일까요? 역시 의사나 의료 관련 일을 하는 사람일 것입니다.

한 제약 회사가 이 땅의 의사들을 응원하는 캠페인을 하고 싶다고 했습니다. 나는 이 [醫] 자를 앞세워 "의사님들 제발 이 카피 좀 읽어 주세요"라는 말을 대신한 캠페인 슬로건을 썼습니다.

copy 醫견 있습니다

[意見]이 아니라 [醫見]입니다. 그들의 말을 쓰기 위해서입니다. 그들의

눈을 붙잡기 위해서입니다. '의'로 시작하는 네 글자로 된 말을 모조리 채집하여 말장난 시리즈를 만들었습니다. 헤드라인에 등장하는 [의]는 모두 [醫]로 바꾸었습니다.

copy 醫기소침

동네 의원 의사들 기운이 쭉 빠져 있습니다. 혹시 의료수가 때문은 아닐까요? 질 높은 진료와 치료를 받으려면 우리가 먼저 그들의 고민을 치료해 주어야 합니다.

醫욕상실

동네 의원 의사들이 하나같이 풀 죽어 있습니다. 혹시 의료전달체계 때문은 아닐까요? 1차 다음에 2차, 2차 다음에 3차. 초등학생도 아는 산수가 왜 지켜지지 않는 걸까요?

醫미심장

동네 의원이 1년에 1천 곳이나 문을 닫습니다. 이게 무슨 의미인지 생각해 보셨나요? 의사들이 병원 문 닫는 걱정 대신 환자 걱정에 전념하게 해 주어야 합니다.

醫견통일

들켜 있습니다

의사들은 세무검증제 전면 재검토를 외칩니다. 왜 한목소리를 내는지 생각해 보셨나요? 당신들은 탈세할 사람들이야, 라는 근거 없는 의심이 정책이 될 수는 없습니다.

醫사결정

보험급여 기준이 의사 소신을 흔듭니다. 소신이 흔들리면 진료도 흔들리지 않을까요? 의사들을 힘들게 하는 건 질병이 아니라 질병과 맞서 싸울 의지를 꺾는 정책입니다.

다시 말씀드립니다. 우시장이 배경인 광고를 만든다면 소 파는 사람과 사는 사람 사이에 어떤 대화가 오가는지, 소를 판 사람이 소에게 어떻게 작별 인사를 하는지 그곳으로 달려가 직접 보고 들으십시오. 손이 할 수 없는 일입니다. **발에게 시키십시오.**

21 받들어, 슬로건!
슬로건을 앞세우고 전장에 나가십시오

백마고지인지 흑마고지인지

크리에이티브를 만드는 데 순서가 있을까요? 이것부터 생각하고 그다음에 저것과 그것을 생각해야 한다는 공식 같은 게 있을까요?

없습니다. 크리에이티브엔 정해진 순서도 공식도 없습니다. 선카피, 후비주얼일 때도 있고 비주얼 아이디어 하나가 전체를 끌고 갈 때도 있습니다. 카피와 비주얼 아이디어가 한꺼번에 튀어나올 때도 있습니다. 모델이 먼저 정해지고 그 모델 색깔에 맞는 크리에이티브가 억지로 따라가는 경우도 있습니다. 광고에 정답이 없듯 크리에이티브를 찾아가는 순서에도 정답은 없습니다. 다만 어떤 게 조금이라도 더 효과적이냐고 군이 묻는다면 대답할 수는 있습니다.

카피 먼저, 비주얼 다음

카피가 먼저 세워지면 광고가 가야 할 방향이 크게 흔들리지 않습니다.

백마고지인지   흑마고지인지

하지만 비주얼이 먼저 정해지면 그것에 어울리는 카피 찾아다니다가 자
칫 너무 멀리 가 버릴 수도 있습니다. 비주얼이라는 제약 때문에 울림도
힘도 없는 카피가 들어설 수도 있습니다. 그래서 나는 가능하면 카피 먼
저라고 말합니다.

카피 중에서도 어떤 카피 먼저냐고 묻는다면 **슬로건 먼저**라고 대답합니
다. 힘 있는 슬로건이 중심을 딱 잡고 있어야 모든 게 흔들리지 않습니다.
함께 작업하는 사람들 머릿속에 같은 슬로건이 각인되어 있다면 엉뚱하게
남의 다리 긁는 크리에이티브는 나오지 않습니다. 그건 병사들에게, 점령할
고지가 백마고지(강원도 철원군에 있는 한국전쟁 격전지)인지 흑마고지인지 분
명히 알리고 나서 돌격을 외치는 것과 같습니다.

비락식혜 예를 들어 보겠습니다. 세상이 바뀌어도 우리 음료는 변하지 않는다는 콘셉트. 콜라가 사이다가 오렌지주스가 아양 떨며 유혹해도 우리가 영원히 지켜 가야 할 자랑스러운 음료는 식혜라는 메시지. 이를 전달하기 위해 가장 먼저 한 일은 슬로건 한 줄을 찾는 일이었습니다. 질량 불변의 법칙 패러디로 찾았습니다.

copy   음료 불변의 법칙

이제 이 슬로건을 머리에 두르고 카피라이터는 카피를, 아트디렉터는 비주얼을, 시엠플래너는 영상을 찾습니다. 각자 찾은 것을 회의실 탁자 위에 펼칩니다. 생각을 좁힙니다. 좁히고 좁힌 생각이 크리에이티브가 됩니다. TV 광고 카피는 이렇게 정리되었다고 칩시다.

copy   세상은 빠르게 변한다
        그러나 좋은 건 변하지 않는다

       음료 불변의 법칙, 비락식혜

세 줄입니다. 하지만 이 세 줄이 1 대 1 대 1 비중을 갖는 것은 아닙니다. 1 대 1 대 8 비중이라고 생각하십시오. 그러니까 위 두 줄은 마지막 한 줄을 도와주는 카피, 마지막 한 줄을 스타로 만들기 위해 희생하는 카피라고 생각하십시오. 제발 기억해 달라는 카피는 마지막 한 줄 슬로건입니다. 카피 한 줄 한 줄이 서로 스타가 되겠다고 싸우면 소비자는 어느 한 줄도 받아 주지 않습니다. **카피에도 주연과 조연이 있다**는 말입니다. 물론 **주연은 슬로건**입니다.

경쟁 프레젠테이션과 슬로건

특히 경쟁 프레젠테이션 때 슬로건 한 줄의 힘은 거의 절대적입니다. 여러 대행사가 차례로 프레젠테이션을 하고 나면 광고주는 그 많은 기획서의 그 많은 논리와 그 많은 카피와 그 많은 크리에이티브를 다 기억하지 못합니다. 두 대행사 크리에이티브를 뒤섞어 기억하기도 합니다.

프레젠테이션이 끝난 후 "A 대행사는 뭘 가져왔지?" CEO가 물으면 광고 담당자는 한마디로 대답하기 어렵습니다. 하나하나 다시 들추며 대답을 찾는다면 다음 날 총무 팀으로 발령 날지 모릅니다. 대답하는 방법은 하나뿐입니다. A 대행사가 들고 온 슬로건 한 줄을 아뢰는 것입니다. 결국 프레젠테이션이 끝나면 각 대행사가 들고 온 슬로건 하나씩만 광고주 머릿속에 남습니다. 그래서 슬로건 한 줄이 대행사를 선정하는 결정적인 이유가 되곤 합니다.

SK텔레콤 경쟁 프레젠테이션에 카피라이터로 참여한 적이 있습니다. 그날 저녁 프레젠테이션에 직접 다녀온 친구에게 다른 대행사는 뭘 가져왔느냐고 물었습니다. 어떤 대답이 돌아왔을까요? 역시 슬로건 한 줄이었습니다. 나는 그 슬로건을 듣는 순간 이렇게 혼잣말을 했습니다. 졌다. 그들의 슬로건이 우리가 준비한 슬로건보다 힘과 공감에서 앞섰기 때문입니다. 결과 역시 그렇게 되었습니다. 슬로건이 프레젠테이션의 결과를 만든 것입니다.

자, 이제 카피라이터가 어떤 과정을 거치며 프레젠테이션을 준비하는지 간략하게 말씀드려 보겠습니다. 붙이는 관절염 치료제, 케펜텍 프레젠테이션이었습니다. 나는 캠페인 슬로건부터 찾았습니다. 여섯 개를 마련했고 그것들을 회의에 부쳤습니다.

copy   아, 옛날이여!

이선희 노래 한 구절이 캠페인 슬로건입니다. 모델은 1탄 김혜자. 2탄 최불암. 두 사람을 망가뜨리는 아이디어였습니다. 웃기는 김혜자와 웃기지도 않는 최불암을 보여 줍니다.

copy   텍하세요!

'선택하세요'라는 뜻입니다. 케펜텍의 '텍'을 맨 앞에 내세워 브랜드로 달려가는 슬로건입니다. 중년 여성도 팩 하고 텍 하면 스무 살 부럽지 않다는 얘기. 함께 사용할 카피는, [주름엔 팩! 관절엔 텍!].

copy   케펜텍 효과!

5초 멀티 광고 캠페인. 짧은 광고 여러 개를 한꺼번에 노출하여 브랜드네임과 슬로건 하나만 강하게 남깁니다. 역기를 번쩍 들어 올리는 무릎을 보여 주며 [케펜텍 효과!], 닭싸움에서 과감하게 무릎 공격 하는 순간 [케펜텍 효과!], 무릎을 바닥에 대고 도는 브레이크댄스에 [케펜텍 효과!],

계단을 파바박 뛰어오르며 [케펜텍 효과!].

copy　무릎이 얼굴입니다

사교 모임에서 돋보이는 화려한 중년 여성. 그녀의 당당한 얼굴은 당당한 무릎에서 비롯되었다는 이야기. 기존 관절염 치료제 광고와 전혀 다른 톤 앤 무드. 카피는 이렇게. [나이가 들수록 무릎이 얼굴입니다. 그녀의 무릎, 케펜텍!].

copy　케펜텍 댄스!

잘 알려진 곡 하나를 골라 이를 케펜텍 트위스트, 케펜텍 탱고, 케펜텍 트로트 등으로 다양하게 편곡하여 차례로 내보냅니다. 무릎이 튼튼하니 못 출 춤이 없습니다.

copy　여자관절엔 케펜텍이 약입니다

관절염 치료제 헤비 유저로 타깃을 좁히는 캠페인. 케펜텍이 시장을 끌고 가는 리더가 아니므로 고려할 수 있는 방향이었습니다. 여자 관절 하나만 잡아도 케펜텍은 성공이라 할 수 있었습니다. 조금은 위험한 방향이지만 모험을 할 수도 있다고 생각했습니다.

이렇게 여섯 개 슬로건이 회의실 벽에 붙었습니다. 다음엔 무엇을 해야

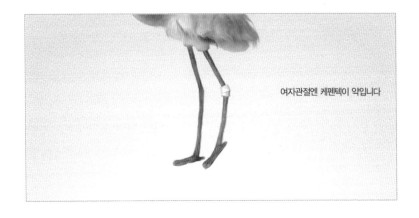

여자관절엔 케펜텍이 약입니다

할까요? 버리는 작업입니다. 시장 상황, 소비자 니즈, 크리에이티브 임팩트, 방어하는 프레젠테이션인가 공격하는 프레젠테이션인가, 이런 여러 가지를 고려해 힘이 약한 것부터 하나씩 휴지통으로 던집니다. 맨 마지막에 남는 하나가 우리가 가져갈 캠페인입니다. 휴지통으로 들어가지 않고 끝까지 살아남은 슬로건은 [여자관절엔 케펜텍이 약입니다].

슬로건이 결정되는 순간 버린 슬로건에 대한 미련도 함께 버려야 합니다. 최불암, 김혜자 아이디어는 아까운데 어떻게든 쓸 수 없을까? 케펜텍 효과는 카피가 강한데 어디 붙일 데 없을까? 무릎이 얼굴입니다 캠페인은 톤 앤 무드가 달라서 좋은데 이런 톤을 살릴 수는 없을까? 이런 미련 다 버려야 합니다. 이것저것 적당히 섞어 만든 크리에이티브는 죽도 밥도 안 됩니다.

자, 이제 여자 관절 하나만 붙들고 늘어집니다. 여자 관절=케펜텍. 이런 등식이 성립할 때까지 꼿꼿하게 밀고 갑니다. 프레젠테이션엔 TV 캠페인을 대장으로 앞세우고, 여성지 광고, 라디오 광고, 배너 광고, 버스 광고, 바이럴까지 거의 모든 매체 크리에이티브를 만들어 가져갑니다.

물론 이 많은 광고가 다 만들어져 집행될 확률은 거의 없습니다. 하지만 프레젠테이션은 쇼입니다. 15~20분 내에 슬로건 하나를 스타로 만들어야 하는 쇼입니다. 광고주를 그 스타의 팬으로 만들어야 하는 쇼입니다. 그래서 슬로건 한 줄이 귀에 못이 박히도록 이처럼 과한 크리에이티브를 들고 갑니다.

애써 준비한 나머지 다섯 슬로건이 아까울까요? 아까워할 것 없습니다. 다음 프레젠테이션 때 그들은 늠름하게 다시 살아납니다. [아, 옛날이여!]는 실버마케팅 카피로. [케펜텍 효과!]는 [인사돌 효과]로.

22 부자 되세요!
돈을 벌어 준다고 말하십시오

공짜, 무료, 덤, 할인, 특가

나는 공부가 싫습니다. 공부가 싫으니 논문이라는 것을 쓸 엄두를 못 냅니다. 그런데 무슨 바람이 불었는지 학위를 따야겠다는 생각을 한 적이 있습니다. 공부도 어려웠지만 논문은 더 어려웠습니다. 여러 사람이 도와주어 겨우 하나 썼습니다. 그게 내가 쓴 유일한 논문입니다.

논문 제목은 공부만큼 재미없습니다. 〈가격 촉진 메시지 구성에 대한 소비자의 지각〉. 내가 다시 읽어도 무슨 얘기인지 모르겠습니다. 어쨌든 논문 내용을 요약하면 이렇습니다. 메시지를 어떻게 내세우느냐에 따라 소비자 반응이 달라진다는 것. 논문에선 화장지를 내밀며 이렇게 두 가지 메시지를 던집니다.

1. 두 개 사면 50% 할인

2. 두 개 사면 하나는 공짜

잘 계산해 보면 같은 말입니다. 둘 다 1천 원짜리 화장지 두 개를 1천 원에 살 수 있다는 말입니다. 하지만 소비자 반응은 달랐습니다. 공짜라는 단어가 들어간 2번 메시지에 더 크게 반응했습니다. 조사 규모가 작아 얼마나 신뢰할 수 있는 결과인지 모르지만, 소비자 마음이 공짜라는 단어에 더 흔들렸을 거라는 추론은 가능할 것입니다.

공짜, 무료, 덤, 할인, 특가, 세일, 1+1, 당첨, 돈, 재산, 이익, 부자, 횡재

이런 말들은 소비자 귀를 솔깃하게 만듭니다. 돈을 벌어 줄 것 같은 냄새를 진하게 풍기기 때문입니다. **소비자에게 이익이 되는 메시지가 있다면 그것을 가장 먼저, 가장 크게 알리십시오.** 세일 광고 헤드라인은 당연히 [70% 세일]이어야 하고 이 멋대가리 없는 카피가 눈에 가장 잘 띄어야 합니다. 잊지 마십시오. 소비자가 가장 열광하는 건 사랑도 우정도 애국도 애족도 애향도 아닌 내 이익입니다.

한동안은 자동판매기 한 대가 한 가지 일만 했습니다. 시원한 음료를 뽑아 마실 수 있는 자판기. 뜨거운 커피나 차를 뽑는 자판기. 복권을 판매하는 자판기. 다 따로따로였습니다. 그런데 삼성전자가 이 세 가지 일을 다 하는 복권복합형 자동판매기를 만들어 냈습니다. 당신이라면 어떤 과녁을 향해 카피를 쏘시겠습니까?

before   삼성전자의 신기술, 복권복합형 자동판매기!

웬지 과녁을 빗나가 엉뚱한 곳에 박힌 화살을 보는 것 같지 않습니까? 화살 문제일까요? 과녁 문제일까요? 둘 다 문제입니다.

after (헤드) 땅 한 평으로 재벌이 된다

(서브) 재벌이 별건가? 남보다 3배쯤 벌면 재벌이지

자판기 한 대는 하나의 사업입니다. 자판기마다 사업자가 따로 있습니다. 한 평 정도 공간만 있으면 누구나 사업자가 될 수 있습니다. 그래서 나는 재벌이라는 과장된 단어를 불러냈고 세 가지 일을 하니 3배쯤 벌 수 있다고 말했습니다. 내 화살이 향한 곳은 삼성전자의 놀라운 신기술이 아니라 사업자 이익이었습니다.

한 개인이 벽과 맞서는 이야기

2014년 〈또 하나의 약속〉이라는 영화가 개봉했습니다. 삼성전자 반도체 공장 노동자의 죽음을 다룬 영화입니다. 백혈병에 걸려 죽은 딸을 대신해 삼성전자와 맞서 싸우는 아버지의 아픔과 분노를 그린 영화입니다. 우리 사회에서 삼성은 그 누구도 상대하기 벅찬 거대한 벽입니다. 힘없는 한 개인이 그 벽과 맞서는 이야기는 큰 울림을 줍니다.

하지만 이 영화는 개봉관을 많이 잡지 못해 어려움을 겪습니다. 그러자 유명 연예인이 영화표 수십 장, 수백 장을 끊어 시민에게 나눠 주기 시작했습니다. 광고장이 몇몇도 같은 생각을 했습니다. 영화관 하나를 통으로 빌렸습니다. 보고 싶은 누구나 영화를 볼 수 있게 했습니다. 그때 내가 쓴 헤

땅 한 평으로 재벌이 된다

재벌이 별건가?
남보다 3배쯤 벌면 재벌이지

드라인은 이익 제시였습니다.

copy   당신의 영화표를 끊었습니다

누군가 내 영화표를 끊었다. 그러니까 나는 공짜 영화를 볼 수 있다. 몸만 가면 된다. 토요일이라고? 좋다. 가자. 아무리 재미없어도 본전이다. 헤드라인을 보고 이런 생각이 들었다면 이 카피는 할 일을 다 한 것이겠지요. 광고장이들이 추진한 행사인 만큼 바디카피는 조금 더 광고 맛이 나게 썼습니다.

copy   광고장이 몇이 하라는 광고는 안 하고 딴생각을 했습니다. 좋은 영화는 많은 사람들이 봐야 한다는 생각. 그런데 많은 사람들이 볼 수 없는 구조를 안고 태어난 영화가 있어 안타깝다는 생각. 그래서 영화관을 통째로 빌렸습니다. 당신 표도 끊었습니다. 그런데 표만 끊었습니다. 영화관까지 오는 교통비, 팝콘과 콜라, 영화 끝나고 있을지 모르는 생맥주 한 잔 값은 모두 당신이 부담해야 합니다. 게다가 황금 같은 토요일 오후를 고스란히 갖다 바쳐야 합니다. 얼핏 생각해도 크게 밑지는 일입니다. 그럼에도 불구하고 당신이 오셨으면 좋겠습니다. 따뜻한 생각을 가진 사람들과 두 시간 내내 함께 울고 웃었으면 좋겠습니다. 그 따뜻한 경험이 영화관 바깥으로 널리 널리 전염되었으면 좋겠습니다.

영화관은 꽉 찼고 영화를 본 몇몇은 다시 영화표를 끊어 다음 누군가에게 전해 주었습니다. 또 누군가는 다른 영화관을 통째로 잡았는지도 모릅니다. 이런 게 따뜻한 전염이겠지요.

빨간 옷 그녀, 기억하세요?

BC카드엔 [부자되세요] 카드가 있습니다. 카드 이름이 '부자되세요'입니다. 드러내 놓고 돈 벌어 준다고 말하는 카드입니다. 오래전 BC카드가 배우 김정은 목소리를 빌려 외쳤던 [여러분! 여러분! 모두 부자 되세요!]. 아직도 많은 사람들이 눈밭을 깡충깡충 뛰던 빨간 옷 그녀를 기억합니다. 그 영광을 어떻게든 되살리려고 만든 카드일 것입니다.

이 카드는 홈쇼핑용 카드를 따로 마련했는데, 여섯 개 대형 홈쇼핑에서 이 카드를 쓰면 6퍼센트 더 할인해 준다고 했습니다. 쓸수록 돈을 번다는 얘기입니다. 카드를 쓸 때마다 조금씩 부자가 된다는 얘기입니다. 이 카드 광고 헤드라인과 서브헤드를 보시지요.

copy   (헤드) 야금야금 부자 되세요

          (서브) 벼락부자는 어렵지만 야금야금 부자는 어렵지 않습니다

내가 이 카드 브랜드 슬로건으로 생각한 카피는 어떤 것이었을까요? 당신이 지금 막 생각한 것과 같습니다.

copy   돈 버는 카드

마지막으로 주유소 이야기 하나 보태겠습니다. 얼마 전 차를 몰고 충북 진천에 갔습니다. 기름이 달랑달랑하여 길가 주유소에 들렀습니다. 주유소 입구엔 현수막 하나가 붙어 있었습니다. 어떤 현수막이었을까요?

before   저희 주유소는 정품 정량만 고집합니다

만약 이런 카피가 붙어 있었다면 현수막을 봤다는 기억도 없었을 것입니다. 아무 생각 없이 차에 기름 채우고 나왔을 것입니다. 그런데 달랐습니다. 정말 정품 정량만 취급하는 곳이라는 믿음이 갔습니다. 현수막 카피가 내게 "너 운 좋으면 큰돈 벌 수도 있어"라고 말했기 때문입니다. 어떤 카피였을까요?

after   정품 정량이 아니면 주유소를 드립니다

23 내 위치를 확인할 것

넘버원 캠페인, 도전자 캠페인

고시원 방처럼 다닥다닥

우리 머릿속엔 수많은 방이 있습니다. 고시원 방처럼 다닥다닥 붙어 있습니다. 두통약방, 서점방, 우유방, 침대방, 스마트폰방, 치킨방, 피자방……. 우리가 아는 모든 제품군은 이처럼 자신만의 문패를 단 방을 갖고 있습니다.

방 하나하나는 대개 정사각형으로 되어 있고 방 안엔 그 제품 관련 정보가 가득 들어 있습니다. 그런데 정보가 아무렇게나 널려 있는 건 아닙니다. 가장 중요한 또는 가장 힘 있는 정보가 방 한가운데 가장 넓은 자리를 차지하고, 나머지 정보들도 중요도순으로 나름 질서 있게 배치되어 있습니다.

피자방을 들여다봅시다. 당신이 가장 좋아하는 피자헛이 한가운데 놓여 있습니다. 사방 구석엔 도미노피자, 미스터피자, 파파존스 등이 서로를 견제하며 놓여 있습니다. 그 외에도 이름 없는 몇몇 피자가 벽이나 천장에 달라붙어 있지만 그게 어떤 브랜드인지는 잘 보이지 않습니다.

'오늘은 피자를 먹어 볼까' 생각하는 순간 당신의 생각은 그 방 안으로 들어갑니다. 피자헛이 가장 먼저 보입니다. 특별한 이유가 없으면 피자헛에 전화합니다. '오늘은 입이 텁텁한데 다른 걸 먹어 볼까' 하는 생각이 들 때 비로소 방을 둘러봅니다. 도미노피자나 미스터피자가 보입니다. 그중 하나를 골라 전화합니다. 천장이나 벽에 붙은 피자를 만나는 일은 좀처럼 없지만 아주 없는 것은 아닙니다. 그러니 당신이 피자라면 어떤 방법을 써서라도 일단은 피자방 안으로 기어 들어가야 합니다. 들어가 어느 한구석에라도 놓여야 단 1퍼센트라도 선택받을 기회가 생깁니다.

새로 나온 피자는 어떻게 하면 피자방 안으로 들어갈 수 있을까요? 피자헛과 비교해 나는 이렇다는 것을 분명히 알려야 합니다. 피자헛보다 싸다, 피자헛보다 크다, 피자헛보다 맵다, 피자헛보다 배달이 빠르다.

어차피 한 번에 피자헛 자리를 꿰차기는 어렵습니다. 그러나 피자헛과 이런저런 차이가 있다고 말하면 최소한 정체는 분명해집니다. 정체가 분명하면 놓일 위치가 분명해집니다. 소비자도 방 안에 그 브랜드를 정돈해 두기 쉽습니다. **넘버원과 비교해 나를 알리는 것.** 그것이 그 방에 잠입하는 가장 좋은 방법입니다.

시장을 주도하는 브랜드인가, 뒤따라가는 브랜드인가에 따라 취해야 할 캠페인은 달라집니다. 크리넥스라는 화장지를 봅시다. 크리넥스는 제품 광고 거의 하지 않습니다. 부드럽다, 위생적이다, 이런 얘기 하지 않습니다. 40년 이상 유한킴벌리 이름으로 [우리 강산 푸르게 푸르게]만 외칩니다. 그럼에도 소비자는 크리넥스를 찾습니다. 넘버원이기 때문입니다. 넘비원은 이렇게 제품을 벗어나 큰 이야기를 할 수 있고 또 해도 됩니다.

하지만 모나리자라는 화장지는 어떨까요? 크리넥스를 흉내 내 '우리 바다 푸르게 푸르게'라고 말한다면 소비자가 그 목소리에 귀를 열어 줄까요? 그럴 리 없습니다. 모나리자는 [3미터 더 깁니다] 같은 캠페인을 해야 합니다. 3미터 더 길다는 카피 앞엔 [크리넥스보다]라는 카피가 생략되어 있지만 소비자는 말하지 않아도 압니다. 소비자는 화장지 관련 모든 정보를 넘버원 브랜드인 크리넥스와 비교해 정리 정돈해 두기 때문입니다.

크리넥스와의 차이를 이렇게 콕 찍어 분명하게 이야기해야 화장지방에 기어 들어갈 수 있고, 소비자도 이를 화장지방 어디에 위치시킬지 결정할 수 있습니다. 그래서 넘버원은 넘버원만의 캠페인, 넘버 투 넘버 쓰리는 또 그들만의 캠페인이 있는 것입니다.

소주 이야기도 해 봅시다

소주는 각 도마다 자도주(自道酒)라는 게 있습니다. 광주는 잎새주, 부산은 좋은데이. 자도주는 대부분 그 지역 시장점유율 1위입니다. 그래서 소주 시장점유율을 따질 땐 자도주가 따로 없는 서울, 경기 지역만 따로 떼서 비교합니다.

'처음처럼'의 아버지 격인 '山'이라는 소주. 진로와 열심히 싸웠는데 힘이 부쳤습니다. 당시 서울, 경기 지역 진로 점유율은 90퍼센트를 넘었습니다. 山은 5퍼센트에 불과했습니다. 1등과 2등이라지만 라이벌이라 할 수 없었습니다. 이런 시장 상황이라면 두 브랜드가 취해야 할 캠페인도 당연히 달라야 합니다. 山은 이런 이야기를 해야겠지요.

copy   山이 더 좋다

물론 [진로보다]라는 네 글자가 생략된 카피입니다. 이런 카피를 던지며 진로가 아니라 山을 마셔야 하는 이유를 소비자에게 던져 줘야 합니다. 그것이 부드러움이든, 가격이든, 용량이든. 그래야 소주방에서 자신의 위치를 찾을 수 있습니다. 그래야 단 1퍼센트라도 진로 마시던 사람의 행동을 바꿀 수 있습니다.

하지만 진로는 '진로가 더 좋다'라고 이야기할 필요가 없습니다. 경쟁자 같지 않은 경쟁자와 싸울 이유가 없습니다. 대신 이런 이야기를 할 수 있습니다.

소주가 더 좋다

진로의 경쟁자는 어쩌면 山이 아니라 맥주, 막걸리, 와인일 수 있습니다. 진로는 오히려 그들과 싸워야 합니다. 소주 시장 전체 크기가 한 뼘 더 커진다면 애쓰지 않아도 그 대부분은 진로 차지가 될 테니까요.

이렇게 넘버원과 넘버 투는 서로 다른 다리를 긁어야 시원합니다. **넘버원은 시장을 크게 보고 나만의 길을 가는 것. 따라가는 브랜드는 넘버원에게 싸움을 자꾸 걸어 자신의 존재를 알리는 것.**

상대는 무조건 넘버원

레스토닉이라는 침대가 있습니다. 제품을 완전히 새롭게 바꾸고 재론칭을 했습니다. 슬로건은 [매트리스가 딱딱한 침대].

그전 침대들은 푹신푹신하다는 걸 자랑했습니다. 좋은 스프링을 자랑했습니다. 하지만 레스토닉 매트리스엔 스프링이 아예 없습니다. 스프링 대신 몇 겹 판이 들어 있습니다. 그래서 푹신하지 않고 딱딱합니다. 얼핏 단점 같지만 이를 소리 높여 얘기했습니다. 딱딱한 매트리스가 허리 건강에 좋다고 말했습니다. 소비자 인식을 바꿔 놓겠다는 야심이었습니다.

물론 레스토닉은 넘버원이 아닙니다. 그래서 싸움을 걸었습니다. 도전적이고 자신 있는 헤드라인을 내세웠습니다. 상대는 에이스침대입니다. 상대는 무조건 넘버원입니다. 레스토닉이 에이스와 어떻게 다른지 알리겠다는 목표가 이런 카피를 만들어 주었습니다.

copy　(헤드) 침대가 침대에게 묻습니다

　　　　(서브) 스프링만 가지고 허리를 10년 이상 힘 있게 받쳐 줄 수 있습니까?

[레스토닉침대가 에이스침대에게 묻습니다]라는 카피에서 레스토닉과 에이스가 생략된 헤드라인입니다. 시비를 거는 헤드라인입니다. "에이스 침대 나와, 한번 붙어 보자!" 외치는 선전포고입니다. 다시 말하지만 내가 나를 고요히 설명하는 것보다 이렇게 누군가를 걸고 넘어져야 침대방에 기어 들어가 자리 잡기 쉽습니다. 2탄은 어떤 카피였을까요? 한 번 더 시비입니다.

copy　(헤드) 침대가 침대에게 다시 묻습니다

　　　　(서브) 언제까지 스프링 침대가 최선이라고 주장하실 겁니까?

이쯤 되면 에이스도 몸이 근질근질할 것입니다. 한마디 받아치고 싶지만 넘버원 체면 때문에 참습니다. 물론 레스토닉도 예상하고 있었습니다. 그래서 3탄은 이렇게 준비했습니다.

copy　(헤드) 침대가 침대를 용서합니다

　　　　(서브) 이제부터라도 레스토닉 매트리스 기술을 따라와 주십시오

거의 조롱 수준입니다. 에이스가 더는 참지 못하고 반응한다면, "침대는 스프링입니다!"라고 받아치며 일전불사(一戰不辭)를 외친다면 레스토닉은

스프링만 가지고 허리를 10년 이상
힘 있게 받쳐 줄 수 있습니까?

그야말로 땡잡는 것이지요. 침대 시장에 때아닌 스프링 논쟁이 불붙을 것이고 한동안 에이스와 레스토닉을 제외한 다른 모든 침대는 어디 끼어들 틈이 없어지는 것이지요. 그래서 넘버원은 누가 밑에서 시비를 걸어도 못 들은 체하는 것입니다. 그냥 제 갈 길 가는 것입니다.

제품만 들여다보지 말고 시장을 살펴십시오. **제품이 시장 어디에 위치해 있는지에 따라 소비자에게 말 거는 방법이 달라집니다.**

24 라이벌 사용법
적의 입으로 나를 이야기하십시오

카피라이터는 참 피곤한 직업

나는 길을 걷다 휴대폰 가게가 보이면 속도를 조금 늦춥니다. 문밖에 걸린 울긋불긋한 카피를 눈여겨봅니다. 사실 모든 휴대폰 가게가 같은 얘기를 합니다. 우리 대리점이 가장 쌉니다. 딴 데 가면 이 가격에 죽어도 못 삽니다. 그런데 같은 얘기를 다 다르게 합니다. 그것을 비교해 보는 재미도 쏠쏠합니다. 우리 동네 휴대폰 가게는 이런 배너를 문 앞에 세워 놓았습니다.

copy   무서워서 밤에 잠도 못 자요

        타 매장에서 절 죽이려 합니다

        싸도 너무 싸게 판다고요

재미있습니다. 웃음이 나옵니다. 과연 얼마나 싸게 파는지 문 열고 들어가 확인해 보고 싶습니다. 이 가게 사장은 카피라이터 출신이 틀림없습니

내 경쟁자가 생각하는 나를 이야기함으로써 객관과 신뢰를 더합니다

다. 성질 더러운 팀장 만나 사표 던지고 나와 가게 차린 게 분명합니다.

이 카피의 힘은 경쟁자를 끌어들였다는 것입니다. 내가 내 이야기를 하는 게 아니라, 내 경쟁자가 생각하는 나를 경쟁자 목소리로 이야기함으로써 내 이야기에 객관과 신뢰를 더했다는 점입니다. 프로 솜씨입니다.

카피라이터라는 직업은 피곤합니다. 자신이 맡은 제품뿐 아니라 라이벌 제품에도 늘 안테나를 세우고 살아야 합니다. 내가 하이트 광고를 한다면 시선의 절반은 늘 카스를 향해야 합니다.

카스 광고는 어느 대행사 몇 층 어느 팀이 하는지, 카피라이터는 누구인지, 지금 어떤 캠페인을 하고 있는지, 다음 캠페인은 어떻게 갈 것 같은지, 매장은 하이트와 카스 중 누가 더 잘 보이게 진열하는지, 술집에서 카스 마시는 사람들 인상착의는 어떠한지.

꿈속에서도 경쟁자 일거수일투족을 놓치지 않아야 하는 게 카피라이터입니다. 왜냐고요? 경쟁 제품을 쓰러뜨려야 우리 제품 설 자리가 생기니까요. 적의 빈틈을 물고 늘어져야 내가 살 수 있으니까요. 조금 비정한 이야기지만 이건 광고장이의 숙명입니다.

숙취해소 음료 컨디션에 도전장을 내민 '정관장369'라는 음료가 있습니다. 나는 이 음료의 슬로건을 보고 피식 웃었습니다.

copy 컨디션이 안 좋을 때

물론 슬로건 속 컨디션은 브랜드가 아니라 몸 상태라고 우기겠지만, 연필 대신 칼을 들고 적 심장을 깊숙이 찌른 어느 카피라이터의 무예가 느껴지지 않습니까?

자존심 싸움

copy   기술의 상징 (금성)

　　　첨단기술의 상징 (삼성)

　　　최첨단기술의 상징 (금성)

70~80년대 금성전자(지금의 LG전자)와 삼성전자 기업 슬로건 변천사입니다. 남의 슬로건 앞에 [첨단]이라는 두 글자 더 붙이고, 또 거기에 [최]라는 한 글자 더 붙이고. 웃기기도 하고 어이없기도 합니다. 두 회사가 소비자와의 소통과 공감은 뒤로한 채 내놓고 자존심 싸움을 한 것입니다. 혀를 차는 사람이 있어도 할 수 없습니다. 카피라이터는 라이벌과의 몸싸움을 피할 수 없습니다.

copy   ……부족할 때 마셨는데 왜 여전히 목마른 걸까?

신문에서 본 포카리스웨트 광고 헤드라인입니다. 말줄임표를 어떤 브랜드로 채우고 싶습니까? 그렇습니다. '2% 부족할 때'. 이 광고는 포카리스웨트만이 진정한 갈증 해소 음료라는 얘기를, '2% 부족할 때'는 갈증 해소가 제대로 안 된다고 말함으로써 더 강하게 전달하고 있습니다. 남의 브랜드를 직접 입에 올리는 건 비방 광고가 될 수 있어 말줄임표라는 꾀를 쓴 것이지요. 뭐 그렇게 스마트해 보이지는 않습니다.

내가 쓴 카피도 몇 개 살펴보겠습니다. 빙그레 투게더 아이스크림. AE*에게 받은 브리프엔 이 제품 USP*가 '100퍼센트 원유'라고 적혀 있었습니다. 경쟁 제품 물론 있었습니다. 롯데 조안나. 이 제품은 고맙게도 100퍼센트 원유가 아니라는 것. 그래서 내가 쓴 카피는,

copy   원유가 아닌데도 좋았나?

말장난입니다. '조안나'라는 브랜드와 '좋았나'라는 질문이 같은 발음이라는 것에 착안한 헤드라인입니다. 이 둘을 연결해 조안나가 100퍼센트 원유가 아니라는 사실을 소비자에게 일러바치는 카피입니다. 내가 100퍼센트라는 사실도 중요하지만 내 경쟁자가 100퍼센트가 아니라는 사실이 더 중요할 수도 있습니다. 그것을 알리는 것이 더 효과적일 수도 있습니다. 그래야 소비자가 우와 열을 가려 머릿속에 정보를 보관하기 쉬우니까요.

내 이야기만으로 비교 우위를 알리기 어려울 땐 상대를 끌어들이십시오. 적의 입으로 나를 이야기하십시오. 라이벌을 공격하는 광고, 라이벌을 공격함으로써 내가 돋보이는 광고를 광고주가 싫어할 리 없습니다.

---

* account executive 광고를 총책임지는 광고 기획자. 광고주에 가서는 대행사를 대표하고, 대행사에서는 광고주를 대변하는 사람.
* unique selling proposition 독특한 판매 제안이라는 뜻. 경쟁 제품은 할 수 없는 이야기, 나만이 할 수 있는 이야기를 하는 것.

copy   한 개는 한계가 있습니다

바디 하나에 에어컨이 두 개 달린 LG 휘센 듀얼에어컨 카피입니다. 에어컨 하나 달린 삼성을 저격하는 카피입니다. 두 제품을 소비자 앞에 나란히 세워 놓고 "누가 하나 달렸고 누가 둘 달렸는지 눈으로 직접 확인하세요"라고 말하는 카피입니다.

물론 이런 광고는 공인된 데이터를 밝히는 비교 광고는 아닙니다. 하지만 이처럼 경쟁자를 머릿속에 넣고 카피를 쓰면 나 혼자 잘났다고 떠드는 카피보다 훨씬 적극적인 카피가 태어납니다.

copy   BC건설 없습니다
          BC제과 없습니다
          BC생명 없습니다
          BC전자 없습니다

BC카드 카피입니다. BC는 카드에만 매달리는 거의 유일한 카드입니다. 삼성이나 현대는 카드 이외에도 여러 사업을 하지만 BC는 카드 사업 하나만 합니다. 기업의 힘이 분산되지 않는 유일한 카드임을 알리기 위해 건설, 제과, 생명, 전자를 모두 건드렸습니다. 방만하게 이 사업 저 사업 펼치는 상대의 아픈 곳을 건드린 것입니다. 상대는 아파하지 않았을지 모르지만 소비자는 상대의 신음 소리를 들었을 수도 있습니다.

자, 당신의 라이벌은 누구입니까? 당신의 두 눈 중 하나는 그쪽으로 시선이 가 있습니까? 그렇다면 됐습니다.

25 외계인이 지구에 오면

지구에 오면

겁을 주십시오

copy   외계인이 지구에 오면

뚱뚱한 사람을 가장 먼저 잡아먹을 것이다

이 카피를 보고 은근히 겁이 났다면 카피에 걸려든 것입니다. 카피에 걸려든 당신은 살아남을 방법을 생각합니다. 늘 내일부터 하는 것으로 알려진 다이어트를 오늘 시작할 수도 있겠지요. 미루던 헬스장 등록을 당장할 수도 있겠지요. 다이어트 식품이나 몸무게 저울을 파는 기업이라면 생각해 볼 만한 카피 아닙니까?

한동안 온라인에서 화제가 된, 외국 어느 헬스장 간판에 붙은 카피랍니다. 그런데 이 카피를 쓴 카피라이터는 어떻게 이런 발상을 했을까요? 처음엔 헬스 효과에 대해 진지하게 말했겠지요. 누구도 관심을 갖지 않았겠지요. 6개월 등록하면 30퍼센트 할인해 준다는 유혹도 해 보았겠지요. 역시 반응이 없었겠지요. 조금 더 과격하고 치명적인 접근을 고민했겠지요.

그러다 뒤집어 생각하기 시작했겠지요. '헬스를 하면 이렇게 된다'가 아니라 '헬스를 하지 않으면 이렇게 된다'를 생각했겠지요. 그래서 얻은 결론은, **겁을 주자.** 그것도 극도로 과장하여 겁을 주자. 그렇게 태어난 카피일 것입니다.

물론 외계인의 습격과 그들의 식성을 그대로 믿는 사람은 없었겠지요. 하지만 적지 않은 사람들이 이 카피의 힘에 빨려 들었을 것이고 얼굴이 살짝 붉어졌을 것이고 심각한 표정으로 자신의 배를 내려다봤을 것입니다. 얼마 후 이 헬스장은 몰려드는 사람 다 받을 수 없어 면접 보고 회원을 뽑았다고 합니다. 카피 한 줄의 힘입니다.

때로는 겁주는 카피를 생각하십시오. 우리 제품의 장점이나 효과만 나열하지 말고 우리 제품을 사용하지 않았을 때 찾아올 무서운 결과를 알리십시오. 소비자 절반은 겁쟁이입니다. 겁쟁이는 겁을 줘야 반응합니다. 광고에서는 이를 **위협소구**(fear appeal)라고 합니다. 제약 광고에 자주 사용하는 방법입니다. 복통으로 아픈 배를 움켜쥔 모습이나 치통으로 일그러진 얼굴을 보여 주는 광고가 흔히 볼 수 있는 위협소구입니다.

title　　의사에게 살해당하지 않는 47가지 방법

꽤 많은 사람들이 읽은 베스트셀러입니다. 제목을 보는 순간 '아, 내가 의사 손에 죽을 수도 있구나' 생각합니다. 뉴스에서 심심치 않게 접한 의료 사고를 떠올립니다. 소설 한 권 사러 서점 갔다가 '살아 있어야 소설도 읽지!' 하며 이 책을 들고 나옵니다. 위협소구 성공입니다.

쾌변과 숙변

나는 한때 빙그레 닥터캡슐 광고에 참여한 적이 있습니다. 잘 아시다시피 발효유를 마시는 가장 큰 이유는 변비입니다. 그래서 발효유 헤비 유저는 20대 여성입니다. 20대 여성이 마셔 줘야 살아남습니다.

닥터캡슐 TV 광고 기억하시나요? 라라라 라라 라라라라라ㅡ. 이런 리듬의 CM송에 유산균이 살아서 장까지 간다는 메시지였습니다. 하지만 넘버원 제품 불가리스를 따라잡기엔 힘이 부쳤습니다. 저녁 TV 뉴스 시간에 라라라 라라 아무리 노래해도 다음 날 아침 불가리스가 신문 광고 한 방 내보내면 여성들은 다 불가리스를 찾았습니다. 불가리스 광고 헤드라인은 무엇이었을까요?

copy   쾌변!

딱 이 한마디였습니다. 신문에 [쾌변]이라는 단어 하나만 대문짝만하게 키워 내보내면 그것으로 끝이었습니다. 불가리스는 오랫동안 쾌변 하나에 집착해 이 단어를 자신의 것으로 만들어 버렸습니다. 선점입니다. 경쟁자들은 이 단어를 쓰고 싶어도 쓸 수 없었습니다. '라라라 라라'로는 쾌변을 당할 수 없었습니다.

늘 그랬듯이 우리는 회의실에 모였습니다. 쾌변을 이길 콘셉트 대안을 찾아야 했습니다. 모두가 뭐 좋은 거 없냐고 묻기만 했지 좋은 게 있을 리 없습니다. 그러다 누군가 아주 자신 없는 목소리로 이렇게 말했습니다. [숙변] 어때요? 숙변이라. 숙변이라. 쾌변만큼 강하지는 않지만 별다른 대안이 없어 이를 들고 고민해 보기로 했습니다. 나는 헤드라인으로 위협을 택했습니다. 이렇게 썼습니다.

copy 10년 전 수학여행 때 먹은 김밥이 아직도
      당신의 腸 구석진 곳에 숙변으로 달라붙어 있습니다

20대 중반이면 10년 전쯤 경주나 제주로 수학여행을 갔겠지요. 그곳에서 김밥 한 줄쯤은 먹어 줬겠지요. 그런데 그 녀석이 아직도 내 몸속에 달라붙어 있다니! 여성이라면 이 카피를 보는 순간 인상을 찌푸릴 것입니다. '세상에 숙변이 이런 거였어!' 하며 새삼 닥터캡슐에 눈을 줄 수도 있을 것입니다.

　물론 이 카피는 무섭다기보다 징그럽다고 하는 게 더 어울리겠지만 어쨌든 겁주는 광고로는 나쁘지 않다는 생각이었습니다. 숙변 캠페인이 진행되었냐고요? 그냥 검토만 하고 말았습니다. 아무리 기를 써도 숙변이 쾌변을 이길 수는 없었을 테니까요. 오죽하면 파스퇴르가 '쾌변 요구르트'라는 용감한 브랜드를 만들었을까요.

남대문이 직접 나서서 협박하는 광고
소비자에게 겁을 준 카피들을 더 찾아봤습니다. 내 천성이 누구에게 겁주고 윽박지르고 그런 걸 잘 못해서인지 '이거다!' 하는 게 잘 안 보였습니다. 조금 헐렁한 기준으로 찾았더니 겁 비슷한 몇 가지를 찾을 수 있었습니다.

앞서 소개한 소프트웨어저작권협회 캠페인. 헤드라인은 [사장님을 대머리님으로 만드는 방법]이었습니다. 이 카피 역시 불법 소프트웨어 사용하는 회사를 겁주려고 쓴 카피입니다.

2탄, 3탄도 있었습니다. 이번엔 머리카락 빠지는 정도의 소박한 겁이 아닙니다. 일찍 죽는다고 했고 사회 부적응자가 된다고 했습니다. 헤드라인은 각각 [사장님 수명을 10년 줄이는 방법]과 [사장님을 알코올중독자로 만드는 방법]이었습니다. 2탄 카피를 보시지요.

copy 사장님 수명을 10년 줄이는 방법

생각보다 간단합니다. 불법 소프트웨어 계속 쓰는 겁니다. 저작권법 나 몰라라 하는 겁니다. 언제 단속 나올까 조마조마. 걸리면 얼마나 물어내야 할까 두근두근. 내 양심에게 미안하다 훌쩍훌쩍. 365일 조마조마 두근두근 훌쩍훌쩍 산다면 수명 10년 줄어드는 건 일도 아닙니다.

동부생명 프레젠테이션 때도 겁을 가져갔습니다. [if] 캠페인. 오늘 당장 일어날 수도 있는 무서운 if들을 보여 주며 겁을 줬습니다. 인생이란 누구도 장담할 수 없다는 메시지와 함께 납량 특집 같은 무시무시한 헤드라인을 마구 던졌습니다.

사정낭을 알코올중독자로 만드는 방법

copy   *if*

당신 차가 기찻길을 건너는 순간 엔진이 멈춰 버린다면

if

당신이 두 다리에 깁스를 한 순간 병원에 불이 난다면

259

if

당신이 엘리베이터에 발을 올려놓는 순간 발밑이 허공이라면

if

당신 수술 잘 끝났다고 말한 의사가 가위를 찾고 있다면

부모에게 가장 겁나는 if는 언제일까요? 놀이터에서 잘 놀던 아이가 갑자기 보이지 않을 때 아닐까요? 오래전 강금실 서울시장 후보의 슬로건은 [보람이가 행복한 서울]이었습니다. 서울 강북에 사는 보람이라는 아이를 모델로 썼는데, 서울시장이 가장 먼저 해야 할 일이 보람이를 잘 키우는 일이라고 말했습니다. 그때 만들었던 홍보물엔 부모에게 가장 겁나는 if를 보여 주는 페이지도 있었습니다. 비주얼은 놀이터 그네가 주인 없이 삐걱삐걱 흔들리는 모습.

copy   보람이가 10분만 보이지 않아도
덜컥 겁이 나지 않으세요?

법무부 장관을 지낸 강금실입니다
어떤 대가를 치르더라도 보람이 안전만은 지키겠습니다

남대문이 절반 이상 불에 타 사라져 버린 일, 기억하시죠? 온 국민의 시선이 그곳에 집중되었습니다. 재만 남은 남대문 앞에서 눈물을 흘리는 사람도 있었고 재건을 위한 국민 모금 운동이 일어나기도 했습니다. 시간

보람이가 10분만 보이지 않아도
덜컥 겁이 나지 않으세요?

이 아주 많이 흘렀지만 결코 잊을 수 없는, 잊어서는 안 되는 우리 모두의 아픈 상처입니다. 나는 폐허가 된 남대문 그 참혹한 모습을 그대로 보여 주는 광고를 만들었습니다. 헤드라인은 남대문 목소리였습니다.

copy   forget me not

무슨 광고였을까요? 바이럼이라는 기억력 개선제 광고였습니다. "너희가 나를 잊지 않으려면 바이럼이라는 제품을 사 먹어야 해"라고 뼈만 남은 남대문이 직접 나서서 협박하는 광고였습니다.

소비자 절반은 겁쟁이라고 했습니다. 이게 무슨 뜻일까요? 광고 절반은 위협소구로 갈 수도 있다는 뜻 아닐까요? 겁을 주십시오.

26_ 카피라이터와 아트라이터

비주얼을 침범하십시오

카피라이터는 카피만 쓰는 사람일까요?

카피 다 쓰면 그걸 아트디렉터에게 넘겨주는 것으로 일이 끝날까요? 비주얼은 나 몰라라 퇴근해도 되는 걸까요? 가끔은 그럴 수 있습니다. 결혼할 상대 탐색하는 시간도 필요할 테고, 새끼들 재롱에 숨넘어가는 시간도 필요할 테니까요. 하지만 맨날 그렇게 사라져 버리면 소는 누가 키웁니까? 비주얼 감각은 언제 키웁니까?

광고는 협동입니다. 함께입니다. 카피라이터와 아트디렉터의 결혼입니다. 행복한 결혼 생활을 하려면 서로에게 관심과 애정이 있어야 합니다. 관심과 애정을 표현하는 방법은 엉뚱하게도 침범입니다.

실제 결혼에선 개성과 영역을 지켜 줘야 하지만 이 이상한 결혼에선 서로의 영역을 끊임없이 침범해야 합니다. 끊임없이 상대 머릿속을 들여다봐야 합니다. 그래야 오해가 줄어듭니다. 그래야 같은 일을 두 번 세 번 하지 않습니다. "나는 오로지 카피! 다른 건 몰라!" 이렇게 선언하고 비주얼도 영상도 음악도 다 멀리하는 카피라이터가 훗날 크리에이티브 디렉터로 올라

설 수 있겠습니까?

이런 말이 있는 건 아니지만 '아트라이터(art writer)'가 되십시오. 카피와 아트를 늘 함께 고민하는 광고장이가 되십시오. 카피뿐 아니라 카피에 걸맞은 비주얼까지 함께 찾으려고 애쓰십시오.

비주얼을 찾으면 그것을 섬네일 스케치(thumbnail sketch)로 괴발개발 그려 카피와 함께 아트디렉터에게 넘기십시오. 섬네일은 엄지손톱만큼 자그맣게 그린 스케치를 말합니다. 처음엔 말도 안 되게 엉성하겠지만 훈련을 거듭하면 비주얼 감각이 제법 늡니다.

카피와 섬네일을 함께 넘기면 카피라이터가 어떤 생각으로 그 카피를 썼는지 디자인 쪽에서 보다 명쾌하게 이해합니다. 카피 의도를 오해해 생기는 불필요한 작업이 줄어듭니다. 카피라이터가 문자로 소통하는 사람이라면 아트디렉터는 사진이나 그림으로 소통하는 사람입니다. 비주얼로 대화하는 것이 훨씬 편한 사람입니다. 그렇게 해 주십시오.

비주얼을 머릿속에 그리며 쓰는 카피

앞서 6장에서 예스24 블로거들이 촛불을 응원하는 돌출 광고를 만들었다고 했습니다. 그때 경향신문에 실은 또 하나의 광고. 나는 헤드라인을 이렇게 썼습니다.

copy 청와대 주소를 알려 주시면 택배로 보내 드리겠습니다

청와대 주소를 알려 주시면 택배로 보내 드리겠습니다

뭘 보내겠다는 거지? 대답은 비주얼이 합니다. 헤드라인 위엔 면봉 하나가 길게 놓여 있습니다. 처음부터 비주얼을 머릿속에 그리며 헤드라인을 썼기에 이런 카피가 나올 수 있었습니다. 대통령은 면봉으로 귀 후비고 국민과 소통하라는 뜻입니다. 나는 카피라이터이니 카피만 쓰겠소. 비주얼은 알아서 하시오. 만약 이런 생각으로 헤드라인을 뽑았다면 이런 카피를 아트 쪽에 넘겼을 것입니다.

copy   1. 국민 목소리를 들으세요
       2. 제발 소통 좀 하세요

재미도 없고 울림도 없고 크리에이티브도 없는 이런 안타까운 카피를 넘기며 손부끄러워했을 것입니다. 나는 이 책 첫 장에서 글자로 그림을 그리라고 했습니다. 구체적으로 쓰라고 했습니다. 기회가 왔으니 한 번 더 강조합니다.

경향신문에 실은 헤드라인에선 그림이 보입니다. 면봉을 뒷좌석에 싣고 청와대로 달려가는 택배 아저씨 오토바이가 보입니다. 하지만 '국민 목소리를 들으세요'나 '제발 소통 좀 하세요' 같은 카피를 읽으면 아무것도 보이지 않습니다. 깜깜합니다. 그래서 안타까운 카피라고 야단치는 것입니다.

화랑이라는 술이 있습니다. 나는 이 술을 '근사하게 취하는 술'로 규정했습니다. 다른 술 광고와 달리 슬로건에 걸맞은 조금은 근사한 캠페인을 해야겠다고 마음먹었습니다. 이렇게 헤드라인을 썼습니다.

copy 　너무 반듯한 건 재미없다
　　　　오늘은 나도 13도쯤 기울어지고 싶다

헤드라인을 쓰면서 내가 생각한 비주얼은 피사의 사탑이었습니다. 화랑 알코올 도수가 13도이니 딱 그만큼만 기울어지자고 했습니다. 물론 비스듬히 흰 건물 하나 그려 놓고 피사의 사탑이라 우기는 섬네일을 함께 넘겼습니다.

copy 　예로부터 저녁 7시를 술시라 했다
　　　　우리 조상님들 멋있다

섬네일은 빅벤이라 불리는 런던 국회의사당 시계탑이었습니다. 하늘이

암스트롱만 느끼는 게 아니다
나도 가끔은 지구가 돈다는 것을 느낀다

어둑해진 시간, 시계는 일곱 시를 가리킵니다. 술맛 나는 시간입니다.

copy   암스트롱만 느끼는 게 아니다

　　　 나도 가끔은 지구가 돈다는 것을 느낀다

비주얼은 암스트롱이 달에서 유영하는 모습. 달까지 가지 않아도 화랑 한

잔하면 지구가 돈다는 걸 느낄 수 있다는 뜻. 나는 이 화랑 캠페인 헤드라인을 넘길 때마다 섬네일을 함께 던졌습니다. 내가 던진 섬네일은 휴지통으로 직행하는 일이 훨씬 더 많지만 이 섬네일만은 아트 쪽에서 사 주었습니다. 그대로 비주얼이 되었습니다.

물론 이 캠페인이 톱스타 모델을 내세운 술 광고에 비해 유혹하는 힘이 약할 수 있습니다. 하지만 술 광고 같지 않은 술 광고라 차별화라는 성과는 거두었다고 생각합니다.

아는 척

이쯤에서 질문 하나 드립니다. 지면 광고엔 반드시 카피와 비주얼이 있어야 할까요? 답도 드립니다. 그렇지 않습니다. **때론 비주얼 없이 카피만으로, 때론 카피 한 줄 없이 비주얼만으로도 광고가 가능합니다.** 광고에 공식은 없으니까요. 공식, 원칙, 법칙, 정답 같은 단어는 광고와 가장 어울리지 않는 말입니다.

먼저 비주얼 없는 광고입니다. 이명박 정부 때 '국민의 명령'이라는 시민단체가 만들어집니다. 정부의 오만과 독선을 더는 두고 볼 수 없다며 시민들이 자발적으로 만든 단체입니다.

나는 이 단체 캠페인을 만들 때 [민란]이라는 키워드를 썼습니다. 과격한 단어였지만 보다 강한 선동을 위해, 보다 임팩트 있는 시작을 위해 그렇게 했습니다. 회원 모집 광고. 헤드라인은 민심이 들끓는 소리였습니다. [부글부글]의 무한 반복이었습니다.

부글부글부글부글부글부글부글
부글부글부글부글부글부글부
부글부글부글부글부글부글부
부글부글부글부글부글부글부
부글부글부글부글부글부글부
부글부글부글부글부글부글부
부글부글부글부글부글부글부
부글부글부글부글부글부글부
부글부글부글부글부글부글부
부글부글부글부글부글부글부
부글부글부글부글부글부글부
부글부글부글부글부글부글부
부글부글부글부글부글부글부
부글부글부글부글부글부글부
부글부글부글

민심이 들끓으면 민란이 일어납니다
민란의 공범이 되시면 민주주의를 드립니다

copy   부글부글부글부글부글부글부글부글부글부글부글부글부글
부글부글부글부글부글부글부글부글부글부글부글
부글부글부글부글부글부글부글부글부글부글부글
부글부글부글부글부글부글부글부글부글부글부글
부글부글부글부글

민심이 들끓으면 민란이 일어납니다
민란의 공범이 되시면 민주주의를 드립니다

이 광고엔 사진 한 장, 일러스트 하나 없었습니다. 부글부글 끓는 헤드라
인이 비주얼을 대신했습니다. 비주얼이 없어도 보이지 않습니까? 잔뜩
성난 시민들의 얼굴이 눈에 보이지 않습니까? 자, 이번엔 카피 없는 지면
광고를 보겠습니다. 오래전 집행된 모토로라 광고입니다.

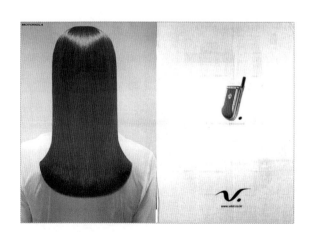

신문 양면 스프레드(spread) 광고입니다. 이 넓은 지면에 카피 한 줄 없습니다. 오른쪽 휴대폰 위에 [닮았죠?] 같은 카피가 들어가야 할까요? 카피가 없어도 메시지 전달에 문제가 없습니다. 비주얼이 "닮았죠?"라고 이야기하고 있으니까요. 여기에 [닮았죠?]라는 카피가 또 붙는다면 그건 중복입니다. 같은 이야기를 두 번 하는 것입니다.

카피는 문자라는 기호를 사용하여 메시지를 전달합니다. 비주얼은 어떤 일을 할까요? 비주얼도 메시지를 전달합니다. 다만 그 기호가 문자가 아니라 그림이나 사진인 것입니다. 카피가 이야기하는 것을 비주얼이 반복할 필요도, 비주얼이 이야기하는 것을 카피가 재탕할 이유도 없습니다. 그건 1+1=1이 되는 것입니다. 원래 값인 2에도 못 미치는 결과입니다. **광고는 카피 1과 비주얼 1이 만나 3을 만들어 내는 작업입니다.**

copy   나는 집으로 간다

헤드라인을 이렇게 결정했다 칩시다. 이제 비주얼을 찾아야 합니다. 어떤 비주얼이 좋을까요? 생각보다 많은 사람들이 이 헤드라인을 그대로 설명하는 비주얼을 만듭니다.

왼편에 내가 나오고 오른편에 집이 나오고 내가 집 쪽으로 걸어가는 느낌을 만듭니다. 그것으로 나는 집으로 간다는 걸 빈틈없이 표현했다고 우깁니다. 다시 말하지만 이건 중복입니다. 카피도 나는 집으로 간다. 비주얼도 나는 집으로 간다. 같은 얘기를 두 번 하는 것입니다. 1+1=1이 되는 광고입니다.

특히 공모전 심사 때 1+1=1인 광고를 자주 접합니다. 헤드라인을 비주얼로 설명하려 들기 때문입니다. 헤드라인을 설명하려 하면 자연히 비주얼 요소가 많아집니다. 많으니 복잡합니다. 복잡한 비주얼이 시선을 끌 리 없습니다. 임팩트가 있을 리 없습니다.

비주얼은 설명이 아니라 느낌입니다. 차라리 맛있게 끓는 된장찌개나 푹신한 베개를 품에 안은 모델을 보여 주는 게 훨씬 나은 비주얼일 것입니다. 집으로 가는 내 머릿속을 들여다보고 거기에서 꺼낸 비주얼이니까요.

비주얼 전문가도 아니면서 비주얼에 대해 아는 척 좀 했습니다. 그렇다고 무시하거나 흘려듣지 마십시오. 35년 세월을 귀동냥 눈동냥 해서 얻은 나름 소중한 팁입니다. 바둑도 곁에서 훈수 두는 사람이 수를 더 잘 본다고 하지 않습니까.

27_ 5학년 3반 혜진이에게
쉽게! 쉽게! 쉽게!

가장 좋은 광고는 어떤 광고일까요?

크리에이티브가 뛰어난 광고? 기막힌 반전이 있는 광고? 찡한 울림이 있는 광고? 입에 침이 고일 만큼 시즐* 죽이는 광고? 제작비 조금 들이고도 임팩트가 강한 광고? 광고주가 한 번에 오케이하는 광고? 아니면 칸에서 상 받는 광고? 물론 이런 광고가 좋은 광고라는 데는 이견이 없습니다. 하지만 나는 **가장 좋은 광고는 가장 쉬운 광고**라고 생각합니다.

　아무리 기막힌 크리에이티브도 소비자가 그 광고를 2분 3분 뚫어지게 봐야 뜻을 이해할 수 있다면, 그런 후에 '아니 이렇게 깊은 뜻이!' 하며 감탄하고 감격한다 해도 그건 좋은 광고이기 어렵습니다. 돋보기 들고 광고를 들여다보는 소비자는 없습니다. 한눈에 척, 그야말로 한눈에 척 뜻이 전달되어야 합니다.

초등학교 5학년 3반 23번

---

* sizzle 고기를 구울 때 나는 지글지글 소리. 먹고 싶다, 마시고 싶다 등 관능을 자극해 욕구를 일으키게 하는 광고.

김혜진이라는 아이를 생각하십시오

혜진이에게 이야기하십시오. 혜진이가 금세 이해할 수 있게 카피를 쓰십시오. 타깃이 누구든 마찬가지입니다. 30대 주부를 향한 광고도 혜진이가 어려워한다면 다시 생각하십시오. 60대를 상대하는 카피도 혜진이가 고개를 갸우뚱한다면 버리십시오. 모든 소비자가 혜진이 정도 이해력으로 광고를 접한다고 믿으십시오. **쉽게, 쉽게, 쉽게** 만드십시오.

오래전 동서가구 캠페인이 생각납니다. 당시 가구의 라이프사이클(life cycle)은 10년. 신혼 때 가구를 장만하고 여기저기 10년쯤 이사 다니면 가구는 비실비실해집니다. 그때 가구를 바꿉니다. 그런데 가구가 태어난 지 10년 되는 날 갑자기 주저앉습니까? 그런 건 아니지요. 문짝이 뒤틀린다거나 서랍이 안 닫힌다거나 이렇게 어느 한두 곳이 병이 나는 것이지요.

　동서는 이럴 때 가구를 바꿀 필요가 없다고 말했습니다. 문짝이 고장 나면 문짝 하나를, 서랍이 말썽이면 서랍 하나를 치료해 준다고 했습니다. 나는 동서가구 생각을 가장 쉬운 예를 들어 전달했습니다. 초등학교 5학년 혜진이를 생각하며 이런 헤드라인을 썼습니다.

copy　리모컨이 고장 나면 TV를 버리십니까?

천하 바보도 이런 행동은 하지 않을 것입니다. 그런데 우리는 이제껏 가구를 이렇게 버려 왔다고, 리모컨이나 다름없는 문짝 하나 서랍 하나 때문에 가구를 버려 왔다고, 이제 그럴 이유 없다고, 동서가구가 있다고 말했습니다.

copy   세일 기간에 결혼 날짜를 맞추시겠습니까?

역시 말이 안 되는 얘기입니다. 동서가구를 선택하면 이런 고민조차 할 필요가 없다고 말했습니다. 당신 스케줄에 세일 기간을 맞추어 드린다고 말했습니다. 쉽습니까? 쉽게 쓴다고 썼는데 쉽지 않다면 내 실력 부족이거나 당신 이해력 부족이거나.

가구 이야기를 했으니 가전제품 이야기도 해 봅시다. 삼성 하우젠이 새로운 세탁기를 선보였습니다. 이불 빨래도 쉽게 할 수 있는 초대용량 세탁기였습니다. 만천하 주부가 이불 빨래에서 해방된다는 얘기를 쉽게 전달해야 했습니다. 이렇게 썼습니다.

copy   이불도 손수건처럼

쉽지 않습니까? 머릿속에 쉽게 그림이 그려지지 않습니까? 엄지와 검지 두 손가락으로 가볍게 이불을 집고 손수건 털듯 홀홀 터는 그림이 그려지지 않습니까? 쉽게 쓴다는 건 이해하기 쉬운 말로 쓴다는 뜻이기도 하지만 머릿속에 그림이 그려지게 쓴다는 뜻이기도 합니다. 구체적인 카피가 곧 쉬운 카피입니다.

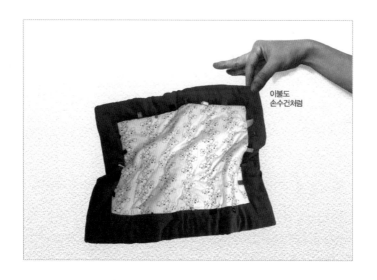

이불도
손수건처럼

과장 광고와 가장 광고

이불을 손수건처럼 빨 수 있다니! 말도 안 돼! 이건 과장 광고야! 하우젠
세탁기 카피를 보고 이렇게 시비 걸 사람이 있을까요? 없을 겁니다. 과장
광고가 아니니까요. 없는 사실을 거짓으로 말하면 물론 그건 과장 광고입
니다. 당장 제지받고 벌금 내고 반성문 써야 합니다. 하지만 있는 사실 가
지고 표현을 극대화한 건 과장 광고라 하지 않습니다. 이불 빨래가 쉬워
졌다는 건 사실이니까요. 그래서 나는 이렇게 말합니다.

과장 광고는 피하고 가장 광고를 만들어라

가장 광고는 무엇일까요? 가장 적극적인 표현입니다. 표현의 극대화입니
다. 물론 가장 광고라는 용어가 있는 건 아닙니다. 과장 광고와 대비해 설

명하려고 나 혼자 만들어 본 말입니다. 조금 오버한 느낌이 있어도 좋으니 하고자 하는 이야기를 가장 적극적으로 표현하는 가장 광고를 만드십시오. 하나 더 보겠습니다.

copy   지구 위 컴팩을 모두 쌓아 올리면 하늘에 구멍이 날 것이다

"하늘에 어떻게 구멍이 뚫려! 딱 걸렸어, 과장 광고!" 이렇게 항의할 사람 역시 없을 것입니다. 항의 대신 머릿속에 그림을 그릴 것입니다. 바벨탑처럼 하늘을 뚫고 높이 솟은 컴팩(compaq)탑을. 그리고 컴팩이 엄청나게 많이 팔리는 PC라는 사실을 머리에 넣어 둘 것입니다.

PC 판매 1위가 아닌데 1위라고 말한다면 그건 과장 광고지만 이건 표현의 극대화입니다. 가장 광고입니다. 얘기가 샛길로 빠졌네요. 다시 우리 혜진이를 만납시다.

욕심 버리고 게으름 던지고
'필'이라는 수능 학습지가 있었습니다. 감(感)이라는 뜻의 feel입니다. 이 학습지로 공부하면 수능에 감이 잡힌다, 그래서 수능이 쉬워진다는 게 광고 콘셉트였습니다. 학부모들은 수능이 어떻게 얼마나 쉬워지는지 알고 싶을 것입니다. 부모 머릿속에 쉽게 그림을 그려 주는 카피, 이렇게 썼습니다.

copy   1. 냉장고에서 물 꺼내 마시듯 수능이 쉬워집니다

2. 맑게 갠 밤하늘에서 북두칠성 찾듯 수능이 쉬워집니다
3. 감나무에서 익은 홍시 따듯 수능이 쉬워집니다

네? 북두칠성 찾는 건 생각보다 쉽지 않다고요? 과학 공부를 게을리하셨네요. 아니면 이해력이 혜진이보다 한 학년 아래인 4학년이거나. 우리 혜진이는 북두칠성은 물론 카시오페이아도 쉽게 찾습니다.

매킨토시가 출시되고 얼마 후였습니다. 당시 사람들은 매킨토시를 전문가나 쓰는 것, 어려운 것으로 이해했습니다. 매킨토시는 누구나 쓸 수 있는 것, 쉬운 것이라는 사실을 알려야 했습니다. 신문 광고를 하기로 했습니다. 이렇게 카피를 썼습니다.

copy   이 신문 다 읽을 시간이면 배울 수 있는 컴퓨터

배우기 쉽다, 사용하기 쉽다는 이야기를 가장 쉽게 전달하는 방법. 멀리서 찾지 않고 신문 광고가 놓일 곳에서, 소비자가 지금 손에 쥔 것에서 찾았습니다. 며칠 후 세일이 있었습니다. 나는 앞서 나간 광고 흐름을 그대로 이어 가는 헤드라인을 던졌습니다. 역시 쉽게. 소비자가 지금 손에 쥔 것에서.

copy   오늘 이 신문에 실린 뉴스 중
         당신에게 가장 도움이 되는 뉴스

매킨토시 15% 세일!

정치인은 어렵게 말하는 데 천재적인 재능을 타고난 사람입니다. 배운 척, 아는 척, 잘난 척하고 싶어 하기 때문입니다. 투표권 없는 5학년 혜진이까지 신경 쓸 이유가 없기 때문입니다. 바보짓입니다. 사람들은 정치인 말을 광고처럼 듣습니다. 듣고 싶어 듣는 게 아니라 들리니까 듣습니다. 어려운 말은 듣고 있어도 들리지 않습니다.

before 소득 주도 성장

어렵지요. 어렵습니다. 소득을 높여 소비를 늘리고 그 힘을 성장 동력으로 삼겠다는 정책입니다. 하지만 '소득'과 '주도'라는 어려운 단어가 조합되어 머릿속에 그림이 그려지지 않습니다. 경제 원론 책에나 박혀 있어야 할 말을 밖으로 들고 나오지 마십시오. 대중을 상대하겠다는 생각이 손톱만큼이라도 있다면 이런 말로 바꿔 주십시오.

after   뚱뚱한 지갑 정책

지폐가 꽉 찬 뚱뚱한 지갑이 머리에 쉽게 그려집니다. 뚱뚱한 지갑은 이렇게 말합니다. "지갑을 먼저 채워 줘야 씀씀이가 늘어 경제가 성장할 수 있어요!" 이 말을 정치인 언어나 경제학자 언어가 아니라 소비자 언어로 하고 있습니다. 쉽습니다.

이 아이를 생각하십시오

쉬운 카피를 방해하는 첫 번째 적은 욕심입니다. 카피라이터의 욕심입니다. 내가 얼마나 많은 지식, 깊은 지식을 갖고 있는지, 내 통찰력이 얼마나 우월한지 보여 주려는 과시욕이 카피를 어렵게 만듭니다. **광고는 제품이 돋보여야 합니다.** 카피라이터가 돋보이는 광고는 좋은 광고가 아닙니다.

두 번째 적은 게으름입니다. 카피라이터의 게으름입니다. 광고주가 던져 준 내용을 그대로 받아쓰기하는 게으름이 카피를 어렵게 만듭니다.

광고주는 생산자 언어를 씁니다. 소비자 언어로 말하는 사람이 아닙니다. 그들의 설명을 그대로 전달하는 건 파업이거나 태업입니다. 광고주가 하사한 황금 같은 말씀도 **소비자 언어로, 우리가 일상에서 쓰는 쉬운 말로 바꿔 전하십시오.** 뜻만 전달하면 되지 뭐, 하는 게으름에서 벗어나십시오. 당신이 쓴 카피를 읽는 사람은 오늘도 내일도 모레도 5학년 3반 23번 김혜진입니다.

28_ 제품에서 한 걸음 물러나기
소비자 머릿속으로 들어가십시오

키도 크고 몸집도 우람한 생각

모나미에서 신제품이 나왔습니다. 볼펜입니다. 팔아야 합니다. 팔기 위해
광고를 해야 합니다. 이럴 땐 대개 어떤 순서를 밟을까요? 먼저 제품을
들여다봅니다. 제품이 할 수 있는 이야기를 다 꺼냅니다.

1. 디자인이 세련됐다

2. 필기감이 좋다

3. 가격이 저렴하다

4. 잉크 똥이 나오지 않는다

5. 모나미가 만들었다

이 다섯을 모두 알려 소비자를 잡겠다는 건 욕심입니다. 소비자에게 가장
먹힐 만한 하나를 선택해 그것을 알리는 데 집중해야 합니다. 시장을 살
핍니다. 소비자 니즈를 살핍니다. 조사를 하고 테스트를 합니다. 가장 경

쟁력 있는 하나를 찾습니다. 그것 하나로 광고 캠페인을 만듭니다. 나머지 네 가지 경쟁력은 버립니다.

대개 이런 순서를 밟습니다. 즉 제품과 시장을 살펴 광고 콘셉트를 찾는 것이 일반적인 방법입니다. 하지만 모든 광고가 꼭 이런 순서를 밟는 것은 아닙니다.

이 장에서 하려는 이야기는 제품에서 한 걸음 물러나라는 것입니다. **제품을 먼저 보지 말고 소비자를 먼저 보라는 것입니다.** 모나미 볼펜 이야기를 더 진행해 보겠습니다.

디자인, 필기감, 가격 다 못 본 척 그냥 지나치십시오. 이 볼펜을 사 줄 소비자를 먼저 떠올리십시오. 누구일까요? 학생이거나 교사이거나 샐러리맨. 그들 머릿속으로 들어가십시오.

머릿속은 복잡합니다. 수많은 생각이 엉켜 있어 자칫 길을 잃기 쉽습니다. 정신 바짝 차려야 합니다. 정글을 헤치듯 헤집고 다니다 보면 그 많은 생각 중 유난히 키도 크고 몸집도 우람한 생각을 발견할 수 있습니다. 그것이 요즘 그들의 가장 큰 관심사입니다. 두말 말고 그것을 들고 나오십시오. 그것을 잘 만져 헤드라인을 만드십시오. 제품은 모른 척, 그들의 관심사만 붙잡고 늘어지십시오. 반응은 어떨까요?

맞아, 나도 이런 고민 하고 있었어!

그들의 관심사를 던졌으니 당연히 이런 반응을 보일 것입니다. 볼펜은 언제 파느냐고요? 바디카피 아랫도리에 슬며시 붙이면 됩니다. 이미 광고

소비자 머릿속으로 들어가십시오

와 소비자가 같은 관심사로 의기투합했으니 소비자는 절반쯤 무장해제되었을 것입니다. 무기 버린 사람을 공략하는 일은 어렵지 않습니다.

지갑을 열게 하는 헤드라인

한때 한독약품은 '부모사랑'이라는 제품을 만들었습니다. 수험생용 한방

보신식품입니다. 인삼, 녹용, 당귀 등 몸에 좋다는 약재가 듬뿍 들어간 제품입니다. 한 팩씩 전자레인지에 잠깐 데워 마시면 됩니다. 자, 일반적인 방법, 즉 제품을 먼저 들여다보는 방법이라면 어떤 헤드라인이 나올 수 있을까요?

copy 인삼, 녹용, 당귀가 듬뿍!
     수험생 체력 보강은 부모사랑

카피는 조금 더 만져야겠지만 이런 접근에서 크게 달라지지 않을 것입니다. 물론 이런 카피가 효과가 없다는 얘기는 아닙니다. 다른 접근을 할 수도 있다는 얘기입니다.

제품을 보지 말고 소비자를 먼저 보십시오. 이 제품 소비자는 누구일까요? 수험생일까요? 수험생이 밤늦게 학원 마치고 나와 '어허, 몸이 예전 같지 않은걸' 하며 약국에 들어가 부모사랑 한 박스 들고 나올까요?

이 제품은 유저(user)와 바이어(buyer)가 다릅니다. 먹는 사람은 수험생이지만 사는 사람은 수험생 부모일 것입니다. 부모 중에서도 엄마일 것입니다. 그러니 수험생 머릿속이 아니라 수험생 엄마 머릿속으로 들어가야 합니다.

고3 엄마 머릿속은 어떤 생각으로 꽉 차 있을까요? '내 아이 큰 탈 없이 대학 가야 할 텐데. 요즘 유난히 기운 없어 보여 걱정이야. 공부가 뭔지, 대학이 뭔지 안쓰러워 죽겠어.' 뭐 이런 생각일 것입니다.

조금만 더 구체적인 그림을 그려 봅시다. 딸아이는 BTS를 좋아합니다. 까무러치게 좋아합니다. 텔레비전에 BTS가 나옵니다. 하지만 아이는 거실에 앉아 있을 수 없습니다. 고3이기 때문입니다. BTS 오빠들 얼굴 몇 분 더 보고 싶은 마음 꾹 누르고 방으로 들어갑니다.

방으로 들어가는 아이 뒷모습을 바라보는 엄마 심정은 어떨까요? 안타깝고 안쓰럽겠지요. 할 수만 있다면 공부 절반을 뚝 떼어 대신 해 주고 싶을 것입니다. 엄마 마음을 그대로 헤드라인으로 올립니다.

copy　KBS 사장님!
　　내 아이 대학 들어갈 때까지 BTS를 출연 금지 시켜 주세요

헤드라인을 본 엄마 반응. '맞아, 나도 이랬어. 이런 생각 해 봤어. 아이 뒷모습을 차마 못 보겠더라고.' 이런 혼잣말이 나온다면 이 엄마는 이미 광고에 동의할 자세가 된 것입니다. 그녀는 자신도 모르게 바디카피를 읽고 있을 것입니다. 바디카피는 이미 흔들린 마음을 더 흔들면 됩니다.

copy　수험생을 둔 엄마 마음, 저희는 잘 압니다. 오죽하면 KBS 사장님에게 편지 보내고 싶은 생각까지 들까요. 자, 기운 내십시오. 이제 다 왔습니다. 이 여름 한철만 잘 넘기면 됩니다. 혹시 아이의 여름 체력이 걱정된다면 그것 하나는 저희가 도울 수 있습니다.
　　부모사랑을 건네십시오. 그냥 한약이 아니라 부모사랑입니다. 수험생에게 꼭 필요한 영양을 엄마 마음으로 다 챙겨 넣었습니다. 고비를 넘기는 데 도움을 줄 것입니다. 엄마와 아이가 함께 치른다는 대학 입시, 부모사랑과 함께 조금만 더 힘을 내 주십시오.

BTS보다 축구가 더 큰 관심사인 아이라면 헤드라인이 조금 달라지겠지요. 월드컵 생중계를 뒤로하고 방에 들어가 책상 앞에 앉아야 하는 아이를 위해 2탄 헤드라인은 이렇게 준비했습니다.

copy 피파 회장님!
내 아이 대학 들어갈 때까지 월드컵을 연기해 주세요

에이, 도둑놈들!

이번엔 신문에서 본 카센터 광고입니다. 우리는 카센터에만 가면 주눅이 듭니다. 차에 대해 잘 모르니 어쩔 수 없습니다. 엔진오일 하나 갈러 갔다가 손봐야 할 게 대여섯 곳이라는 충격적인 말을 들어도 저항하지 못합니다. 울며 겨자 먹어야 합니다. 그냥 다녔으면 큰일 날 뻔했다는 말을 들으면 그렇게 하지 않을 수 없습니다. 그러면서도 뭔가 바가지 쓴 것 같은 불편한 마음을 감추기 어렵습니다.

그런데 SK에서 스피드메이트라는 자동차 정비 전문 체인점을 만들었습니다. SK가 이름을 걸고 하는 사업이니 더는 속을 일 없다고 칩시다. 반론이 만만치 않겠지만 일단은 그렇다고 칩시다. 제품에서 출발했다면 이런 헤드라인을 던졌을 것입니다.

before SK 스피드메이트가 대한민국 정비 문화를 바로 세웁니다

하지만 SK는 제품보다 먼저 소비자 머릿속으로 들어갔습니다. 거기서 헤

드라인을 들고 나왔습니다. 어떤 헤드라인이었을까요? 당신과 내가 동네 카센터를 나오며 똑같이 했던 바로 그 말입니다. 그 말을 그대로 헤드라 인으로 올렸습니다.

after   에이, 도둑놈들!

'맞아, 카센터 갈 때마다 뭔가 속은 것 같은 느낌 나도 들었어. 이제 놈들 을 응징할 수 있게 된 거야. 우리 동네에도 생겼을까? 찾아봐야지.' 이런 생각이 들게 하는 헤드라인입니다. 제품에서 한 걸음 물러나면 보이는 속 시원한 헤드라인입니다. 대한민국 정비 문화를 바로 세우겠다는 메시지 는 어디로 갔을까요? 서브헤드로 내려갔습니다.

마지막으로 술꾼을 정조준한 캠페인 하나 보탭니다. 참이슬이 석간신문 캠페인을 준비한 적이 있습니다. 왜 석간이었을까요? 오늘은 일찍 집에 가야겠다고 마음먹은 직장인을 퇴근 직전에 유혹해야 했기에 석간이었 습니다. 소주 한잔 생각 간절하게 만들어 이른 귀가를 포기하게 하는 비 가정적인 캠페인. 캠페인 슬로건은 격언을 패러디했습니다.

copy   오늘의 소주를 내일로 미루지 마라

이 슬로건을 머리에 두르고 직장인 머릿속으로 들어갔습니다. 이런 고민 과 저런 걱정들이 곳곳에 쌓여 있습니다. 하나하나 살핍니다. 세금도 보 이고 정치도 보입니다. 아이들 사교육도 보이고 직장 상사도 보입니다.

에이, 도둑놈들!

은근히 질투 나는 친구 모습도 보입니다. 이들을 죄다 꺼내 헤드라인으로 올렸습니다.

소주가 얼마나 맛있는 물인지 이야기하지 않아도 답답한 마음 소주 한 잔으로 쓸어내려야겠다는 생각이 듭니다. 회사 문을 나선 김 대리는 집이 아니라 돼지 껍데기 집으로 발길을 옮깁니다.

copy   1. 여당과 야당은 만나면 부딪친다
        그때마다 나도 한잔 부딪치고 싶다

      2. 칠순이라고 자식들이 돈을 보냈다
        어머니는 그 돈으로 자식들 보약을 지었다

      3. 올해는 산타가 못 오신답니다
        경제가 어려워 선물을 못 샀답니다

      4. 어제 옷 한 벌 샀다
        오늘부터 세일이란다

      5. 면허 시험 합격한 놈들이 필기 공부는 안 해도 된다고 했다
        떨어졌다

      6. 대학 땐 아침이슬을 불렀다
        오늘은 참이슬을 부른다

29_ 물구나무서기
뒤집는 순간 아이디어가 보입니다

역발상

신촌 시장 뒷골목 지하 카페. 애니멀스(The Animals)의 〈더 하우스 오브 더 라이징 선(The House Of The Rising Sun)〉이 음울하게 흐릅니다. 한쪽 벽을 가득 채운 LP판 앞에 주인이 앉아 있습니다. 음악으로 쌓은 거대한 성에 홀로 사는 성주 모습입니다. 손엔 비틀스(The Beatles) 음반이 들려 있습니다. 다음 곡은 〈옐로 서브마린(Yellow Submarine)〉이나 〈예스터데이(Yesterday)〉일 것 같습니다.

군데군데 손님이 앉아 있습니다. 떠들지 않습니다. 할 말 있으면 귀에 대고 속삭입니다. 그들은 말 잘 듣는 하인처럼 주인이 선택해 들려줄 다음 음악을 반듯한 자세로 기다립니다. 맥주가 떨어지면 알아서 가져다 마십니다. 신청곡 따위는 받지 않는 곳. 주인은 묵묵히 제 할 일 하고 손님은 주인 눈치 살피며 맥주 한잔에 음악 몇 곡 얻어 듣고 가는 곳. 이 카페 이름은,

name   주인이 왕

호기심 때문에라도 찾고 싶지 않을까요? 이 카페에서만 느낄 수 있는 묘한 긴장감을 한 번은 경험해 보고 싶지 않을까요?

역발상. 물구나무. 뒤집어 관찰하고 뒤집어 생각하고 뒤집어 이야기하는 것. 남들 모두 손님이 왕이라 말할 때 주인이 왕이라 우기는 것. 주인이 왕인 카페를 열면 정말 사흘 내에 망하는지 직접 확인해 보는 것.

당연한 것을 당연하지 않다고 말하며 당연하지 않은 시도를 통해 당연하지 않은 결과를 만들어 내는 것이 역발상입니다. 늘 반듯한 자세로 놓인 사물과 현상과 생각. 가끔은 뒤집어 보십시오. 그 순간 기대하지 않은 인사이트가 짠! 하고 모습을 드러낼 때가 적지 않습니다.

그 인사이트를 무기로 이야기를 건네십시오. 듣지도 보지도 못한 이야기이니 더 많은 귀가 모일 것입니다. 더 크게 귀가 열릴 것입니다. 같은 이야기를 더 신선하게 전달하고 싶다면 물구나무서서 세상을 살펴십시오.

《한 글자》라는 책에는 물구나무서서 쓴 글이 여럿 있습니다. 어쩌면 한 글자만으로 책 한 권을 써 보자는 생각부터 남들이 안 하는 역발상이었는지 모릅니다. 악수는 손으로 하는 것이라는 상식을 뒤집었더니 악수는 발로 하는 것이라는 문장이 보였습니다. 나는 그 문장을 시작으로 〈발〉이라는 글을 써냈습니다.

text   악수는 발로 하는 것이다.

그가 있는 쪽으로 내가 가야 한다.

사랑도 포옹도 키스도 발로 하는 것이다.

악수는 발로 하는 것이다.

채우는 것을 충전이라고 합니다. 이를 뒤집어 비우는 것이 충전이라고 우겨 봤습니다. 의외로 고개가 끄덕여졌습니다. 그래서 〈덜〉이라는 글도 써 냈습니다.

text 　콘센트에 두 다리를 꽂고
　　　　하루 종일 길게 누워 있었으면 좋겠다.

　　　　덜 생각하고
　　　　덜 움직이고
　　　　덜 욕심내고

　　　　채우는 게 아니라 비우는 게 충전.

이처럼 뒤집어 생각하면, 뒤집어 관찰하면 보이지 않는 것을 볼 수 있습니다. 숨어 있는 1인치를 찾을 수 있습니다. 실제로 나는 [숨어 있는 1인치를 찾아라]라는 카피로 잘 알려진 삼성 플러스원 TV에게 뒤집는 카피 하나를 제시했습니다.

copy 　세계는 삼성이 찾아낸 플러스원을 플러스원이라고 인정하지
　　　　않았다
　　　　대신 지금까지의 TV가 마이너스원이었음을 인정했다
　　　　축하한다고 덧붙였다

화면이 1인치 더 커져 플러스원이지만 실은 이게 정상이라는 얘기, 이제
껏 당신은 날개 잘린 TV를 봐 왔다는 고자질입니다. 뒤집어 관찰하면 보
이는 카피입니다.

뒤집기 한판

경기도 교육감 선거 때도 뒤집기 한판을 시도했습니다. 공직선거에 출마
하는 모든 후보는 하나같이 뭔가 하겠다고 말합니다. 이것도 하겠습니다.
저것도 하겠습니다. 어떤 후보는 인심 쓰듯, 해 드리겠다고 말합니다.

   나는 이를 뒤집어 하지 않겠다고 말했습니다. 전하고자 하는 메시지는
결국 다른 후보와 크게 다르지 않았겠지만 이 역발상 헤드라인이 바디카피
를 읽게 만드는 힘은 더 컸을 것입니다.

<u>copy</u>   않겠습니다 교육감

　　모두가 '하겠습니다'를 외치지만
　　이재정은 '않겠습니다'라고 말합니다

　　단 한 명의 아이도 포기하지 않겠습니다
　　사람보다 돈을 먼저 생각하지 않겠습니다
　　교육계 비리를 모른 척하지 않겠습니다
　　아이들을 성적으로 줄 세우지 않겠습니다
　　학교 폭력만은 용서하지 않겠습니다

사교육비 부담을 그대로 두지 않겠습니다

행정 일로 교사를 지치게 하지 않겠습니다

적당히 임기 채우지 않겠습니다

세월호 비극, 결코 잊지 않겠습니다

우리는 너무 많은 '하겠습니다'에 지쳤습니다

하지 않아야 할 것만 잘 지켜도 교육은 달라집니다

디메리트를 뒤집어 메리트로

광고하면서 늘 멋진 제품만 만날 수는 없는 일입니다. 조금은 부족한 제품, 소비자에게 내놓기 창피한 제품을 광고해야 할 때도 있습니다. 그때 광고장이가 취할 수 있는 행동은 두 가지. 하나는, '나는 이따위 제품 광고 못 해!' 사표 던지고 회사를 떠나는 것. 또 하나는 입 닫고 묵묵히 광고를 만드는 것.

자, 사표 던질 용기가 없다면 이렇게 하십시오. 제품에 단점이 있고 그것이 당장 고칠 수 없는 단점이라면 **단점에 대한 소비자 시각을 바꿔 보십시오.** 디메리트를 뒤집어 메리트라고 우기는 것입니다.

써니텐이라는 음료를 생각하시면 됩니다. 써니텐은 천연 과즙으로 만들어 병 아래에 무슨 부유물 같은 게 가라앉았습니다. 시각적으로 불편했겠지요. 소비자 반응은 싸늘했고 시장으로 나간 제품은 고스란히 반품되었습니다. 제품 개발에 한 발 걸친 모두가 울상을 지었지요.

순간 홀연히 나타난 카피라이터 이낙운 선생님. 그는 혼자 묻고 혼자 대답했습니다. 부유물이 가라앉아 불편하십니까? 천연 과즙이 들어 있어 그런 것입니다. 과일 향만 찔끔 넣은 음료가 아니라 그런 것입니다. 향은 죽었다 깨어나도 가라앉을 수 없지만 과즙은 가라앉는 게 당연합니다. 눈에 보이는 게 당연합니다. 그러니 우리 써니텐을 제대로 마시려면 흔들어 마셔야 합니다.

선생님은 혼자 묻고 혼자 대답한 후 [흔들어 주세요]라는 카피를 세상에 던집니다. 디메리트를 메리트로 바꿔 얘기한 이 카피 한 줄에 시장은 반응했고 해태는 전설적인 브랜드 하나를 얻습니다.

오래전 동아일보 프레젠테이션 때 같은 고민을 했습니다. 사람들은 동아일보를 시대에 뒤진 신문으로 여겼습니다. 정년퇴직한 어르신이나 보는 신문으로 알았습니다. 그도 그럴 것이 정보의 양과 질에서 중앙일보나 조선일보를 따라가지 못했습니다. 컬러 면도 훨씬 적었습니다. 소비자 눈에 동아일보는 그냥 늙은 신문이었습니다. 하지만 논조나 지면을 하루아침에 바꾸긴 어렵다고 했습니다. 내가 할 수 있는 일은 뒤집는 일뿐이었습니다.

copy   읽는 신문이 신문입니다

세상에는 두 종류 신문이 있다고 했습니다. 읽는 신문과 보는 신문. 컬러면이 가득한 신문은 보는 신문, 즉 TV를 닮아 가는 안타까운 신문이라고 규정했습니다. 동아일보만이 읽는 신문이라고 했습니다. 동아일보만이 신문이라고 했습니다. 별 효과는 없었지만 단점을 장점으로 바꾸려는 노력은 가상했다고 생각합니다.

단점을 장점으로 뒤집은 카피 하나만 더 소개합니다. 해태 부라보콘입니다. 월드콘 같은 경쟁 제품엔 아이스크림 위에 초콜릿, 땅콩, 바닐라가 푸짐하게 얹혀 있습니다. 부라보콘은 그게 빈약했습니다. 그게 소비자 불만이었습니다. 그때 내가 던진 카피.

copy   키스 연습엔 부라보콘

키스, 조기교육해야 합니다. 미성년이라고 키스 연습에 소홀하
면 성인이 되어 땅을 칩니다. 부라보콘 위에는 키스 연습을 방
해하는 요란한 내용물이 많지 않습니다. 순수 그대로, 부드러
움 그대로 감미롭게 입술을 받아 줍니다. 키스 감각을 제대로
익힐 수 있는 실전용 교과서라는 말입니다. 연습하십시오. 연
습해서 남 주십시오. 키스 때문에 헤어지는 연인을 보면 부라
보콘은 화가 납니다.

30 _ 삼겹살 굽기

캠페인을 먼저 생각하십시오

한 겹 한 겹 이미지를 쌓아

포스코 프레젠테이션 때였습니다. 그때 포스코는 [소리 없이 세상을 움직입니다]라는 슬로건을 걸고 캠페인을 했습니다. 우리 주위 어디에나 철이 있고 그것이 알게 모르게 우리 삶을 풍요롭게 또 편리하게 진보시키고 있음을 알리는 캠페인이었습니다.

카피도 좋았고 크리에이티브도 좋았습니다. 반응도 좋았습니다. 이 회사를 포항제철이라 부르던 사람들도 이 캠페인이 진행되면서 포스코라 부르기 시작했습니다. 굴뚝산업의 대표 격이었던 포항제철이라는 이름을 영원히 잠들게 한 위인이 바로 이 캠페인이었는지도 모릅니다. 하지만 좋은 캠페인일수록 그 뒤를 잇는 캠페인 만들기는 어렵습니다. 이미 기대감이 높아 웬만한 아이디어는 눈에 들어오지 않으니까요.

프레젠테이션 준비는 힘들었습니다. [소리 없이 세상을 움직입니다]라는 슬로건을 대신할 그 무엇을 찾는 일은 쉽지 않았습니다. 회의실 벽에 수많은 캠페인 슬로건이 붙었습니다. 이런 것들이었습니다.

<u>copy</u>   Never ending Steel

Never ending story를 패러디한 슬로건. 세상 모든 게 다 변해도 철과 사람의 스토리는 계속된다는 뜻. 사랑이 끝난 남녀가 주고받은 편지와 그 편지를 있게 한 만년필을 보여 준다거나, 여자가 밀어 주던 남자의 휠체어를 주인공으로 등장시켜 보자는 아이디어가 있었습니다. 이런 카피와 함께. [사람은 변합니다. 철은 변하지 않습니다].

<u>copy</u>   Still Steel

사랑과 우정을 쉽게 포기하고 부와 명예를 좇는 세상. 늘 묵직하고 한결같은 철을 닮자는 캠페인. 이런 카피와 함께. [세상은 너무 가볍습니다] 또는 [세상은 너무 시끄럽습니다].

<u>copy</u>   철은 꽃입니다

철을 뚫고 피어난 꽃을 보여 주는 캠페인. [과학의 꽃] 편에선 아이들이 깡충깡충 뛰어 노는 우주선 위에 핀 꽃. [문화의 꽃] 편에선 난타 공연 냄비 위에 핀 꽃. [환경의 꽃] 편에선 나무 한 그루 베지 않고 만든 스틸하우스 지붕 위에 핀 꽃. 인류의 삶을 꽃피우는 게 결국 철이라는 이야기.

하지만 선뜻 어느 하나를 잡을 수 없었습니다. 다 성에 차지 않았습니다. 처음부터 다시 생각하기로 했습니다. 기존 캠페인을 다시 찬찬히 살폈습니다.

어제까지는 철이 얼마나 소중하게 쓰이는지 보여 줬지. 그래, 그럴 필요
가 있었지. 그게 또 효과가 있었어. 그다음은? 같은 얘기를 반복할 순 없
잖아. 지루할 거야. 가만, 뒤집어 볼 수는 없을까? 자랑 충분히 했으니 반
성 같은 걸 할 수는 없을까? 그래, 철이 꼭 좋은 곳에만 쓰이는 건 아니잖
아. 철은 강도 손에 들린 칼이 되기도 하지. 근데 포스코라면 더 큰 이야
기를 해야 하지 않을까? 통일, 평화, 환경, 인류의 미래 같은 이야기. 맞
아. 통일을 가로막는 철조망도 철이잖아. 탱크도 철이잖아. 얘기 될 것 같
은데. 광고주가 가려워하는 곳도 긁어 줄 수 있어. 포스코는 철이 100퍼
센트 재활용되는 친환경 소재라는 것을 알리고 싶어 했으니까. 철조망도
녹이고 탱크도 녹여 갓난아이 머리 위에서 흔들리는 평화로운 모빌 같은
걸 만드는 거야. 좋아. 가 보자. 근데 슬로건은 어떻게 가지?

<u>copy</u>   좋은 철을 좋은 곳에

생각에 생각이 꼬리를 물어 슬로건이 태어났습니다. 어깨에 힘 들어간 슬
로건이 아니라 곱하기 연산을 거친 편안한 슬로건이었습니다. 이제 이 한
줄을 중심에 두고 크리에이티브를 고민하면 됩니다.

　　우선 통일을 이야기하는 [철조망] 편과 평화를 이야기하는 [탱크] 편을
만들었습니다. 통일 편은 남북을 가르는 철조망을 원신(one scene)으로 보여
주자고 했고, 평화 편은 지구촌 어느 마을 녹슨 탱크 곁에서 전쟁놀이하는
아이들을 보여 주자고 했습니다.

copy   1. (휴전선 철조망)

우리에겐 부끄러운 철도 있습니다

하루빨리 이 철망을 녹여 자랑스러운 철을 만들어야겠습니다

좋은 철을 좋은 곳에, 포스코

2. (녹슨 탱크)

지구는 아직도 상처받고 있습니다

누군가는 이 탱크를 녹여 자랑스러운 철을 만들어야 합니다

좋은 철을 좋은 곳에, 포스코

여기에 [환경] 편까지 총 세 편을 만들었습니다. 중요한 건 캠페인을 만들었다는 것입니다. 하나의 슬로건, 하나의 톤 앤 무드를 가진 캠페인을 만들었다는 것입니다.

단발 광고 아이디어는 누구나 생각해 낼 수 있습니다. 하지만 "다음 편은 어떻게 가지?"라고 물을 때 대답하지 못한다면 그건 좋은 광고이기 어렵습니다. 그 단발 광고가 짭짤한 효과가 있다 하더라도 다음 편이 따로 놀면 이미지가 분산되어 결국 광고 효과는 마이너스가 된다는 얘기입니다.

5년이고 10년이고 길게 길게 끌고 갈 캠페인 아이디어를 생각하십시오. 작은 재치보다는 묵직한 힘이 있어야 합니다. 단발은 그럴듯한데 캠페인으로 묶기 어렵다면 미련 없이 포기하십시오. 캠페인으로 엮을 수 있는 아이디어만 사겠다고 생각해 버리십시오. 예전 한겨레신문은 이런 카피를 신문

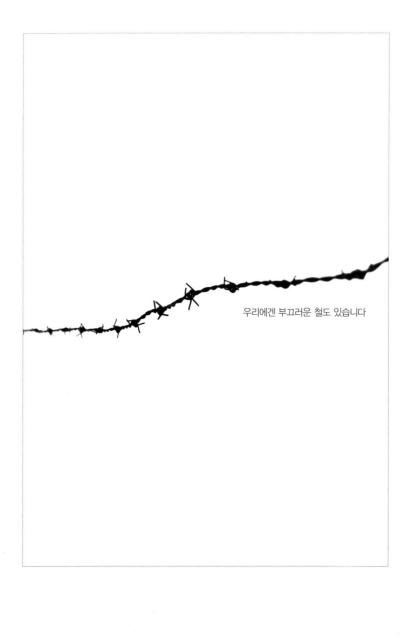

우리에겐 부끄러운 철도 있습니다

광고로 내보낸 적이 있습니다.

copy 민주화는 한판 승부가 아닙니다

대통령 선거에서 김대중과 김영삼 후보가 단일화하지 못해 결국 노태우 후보에게 패한 직후 신문에 실린 카피입니다. 한겨레는 이 카피를 앞세워 이렇게 말했습니다. 제대로 된 신문 하나 창간하는 것이 대통령 뽑는 일만큼 중요하다고.

광고 역시 그렇습니다. 한판 승부가 아니라 **한 겹 한 겹 이미지를 쌓아 삼겹살을 만드는 것**입니다. 두툼한 삼겹살을 잘 구워 소비자 입에 넣어 주는 것입니다. 우리는 잘 익은 이 삼겹살을 **캠페인**이라 부릅니다.

카피 흐름도 하나로

헌트 프레젠테이션. 옷 한 벌 더 파는 광고가 아니라 오래 가져갈 이미지를 팔아야겠다고 생각했습니다. [헌트家]라는 가상의 가문을 설정했습니다. 헌트家는 영국 귀족 가문입니다. 이 가문의 원칙을 하나하나 소개하는 캠페인을 만들었습니다.

크리에이티브 소재는 여우 사냥이었습니다. 여우 사냥은 영국 상류사회의 대표적인 여가 생활입니다. 영국 귀족은 여우보다 빠르냐고요? 그럴 리 있겠습니까. 비겁하게도 말을 타고 여우를 쫓습니다. 하여튼 이 비겁한 헌트家는 품격을 지키면서도 자연과 자유를 즐겼는데, 이것이 격식을 지키면서도 편안한 스타일의 옷을 만들어 냈다는 설정이었습니다. 여우 사냥을 공부했고 여우 사냥 하는 풍경을 상상했습니다. 그 풍경들을 캠페인으로 엮었습니다.

<u>copy</u> 1. 傳統

첫 사냥은 아버님과 함께 나선다. 아버님이 그랬던 것처럼

2. 品格

한 치 흐트러짐을 보여서는 안 된다. 여우 그림자 하나 만나지 못해도

3. 禮節

남이 먼저 눈을 준 사냥감은 지나친다. 아직 해가 남아 있다

4. 自由

달려서는 안 될 곳은 없다. 눈길 닿는 모든 곳이 길이다

헌트 캠페인을 보면 하나의 톤 앤 무드, 하나의 카피 흐름을 갖는다는 것을 쉽게 알 수 있습니다. 쌓아 가기 위함입니다. 삼겹살을 굽기 위함입니다. 캠페인이 어느 정도 진행되면 소비자들은 이렇게 말할 것입니다. 헌트 광고는 진녹색 슈트를 입은 승마 선수를 만나는 느낌이야! 이 느낌을 계속 쌓아 가려면 캠페인에 느닷없이 붉은 슈트나 수영 선수를 출연시켜서는 안 됩니다.

品
格

한 치 흐트러짐을 보여서는 안 된다.
여우 그림자 하나 만나지 못해도

당신은 노무현을 몇 퍼센트나 알고 있습니까

요즘은 SNS를 가장 중요한 마케팅 수단으로 씁니다. SNS에 올리는 카드뉴스 역시 시리즈 광고처럼 하나의 톤, 하나의 카피 흐름을 갖는 게 좋습니다. 카드 한 장 한 장이 울퉁불퉁 따로 놀면 자연스러운 흐름으로 결론에 도달하기 어려우니까요. 노무현 대통령 서거 10주기 때 만든 여덟 장짜리 《노무현 전집》 카드뉴스를 보여 드립니다.

<u>copy</u>   1. 당신은 노무현을 몇 퍼센트나 알고 있습니까

   2. 23% 노무현
      우리나라 대통령이었고 지금은 봉하에 잠들어 계신다

   3. 38% 노무현
      고졸변호사, 인권변호사, 노동변호사였다

   4. 42% 노무현
      낡은 정치에 아니오! 라고 외친 용기 있는 정치인이었다

   5. 59% 노무현
      낙선, 낙선, 낙선, 낙선. 그는 선거에서 네 번 낙선했다

   6. 72% 노무현
      사인을 할 땐 늘 '사람 사는 세상'이라고 썼다

7. 81% 노무현

그냥 정치인이 아니라 진보의 미래를 고민한 철학자였다

8. 100% 노무현

이제 《노무현 전집》으로 만날 수 있습니다

노무현에서 노무현까지, 노무현 전집

31_ 모델 사용법
가난한 광고주를 위하여

유명 인사를 모델로 쓰는 방법

우리나라는 톱스타를 모델로 쓰는 광고가 꽤 많습니다. 아니 너무 많습니다. 모델의 신뢰나 유명세를 무기로 제품을 팔면 팔리기 때문입니다. 그래서 톱스타 모델비는 치솟고 한 프로그램에 같은 모델 광고가 서넛씩 물리는 일도 흔히 볼 수 있습니다. 물론 바람직한 일은 아니지요. 이런 현상은 광고주 책임도 있지만 광고장이 책임도 큽니다.

사실 모델이 제품을 손에 들고 '우리 제품 사세요', '우리 제품을 쓰면 저처럼 된답니다' 하는 광고 만드는 건 그리 어려운 일이 아닙니다. 그래서 광고장이들은 아이디어가 빈곤할 때 전가(傳家)의 보도(寶刀)처럼 이 방법을 씁니다. 광고주에게 톱스타 사진 한 장 들이미는 것으로 모든 게 끝납니다. 직무 유기입니다. 유명 모델 광고는 하다 하다 안 될 때 맨 마지막에 선택해야 할 것입니다.

맨 마지막에 선택해야 한다면서 굳이 모델 사용법이라는 장을 따로 만든 이유가 뭐냐고요? 나는, 광고주 호주머니까지 걱정하는 아름다운 광고 장이이기 때문입니다. 가난한 광고주에게도 모델 쓸 기회를 드리기 위해서입니다. 자, 지금부터 모델비 아끼는 방법을 말씀드립니다. 앞에서 지적한 것처럼 이 방법은 직무 유기일 수 있으니 정말 하다 하다 안 될 때 쓰십시오.

먼저 돈 한 푼 들이지 않고 유명 인사를 모델로 쓰는 방법. 그게 가능하냐고요? 가능합니다. 살아 있는 연예인 쓰지 않으면 됩니다. 대신 **이순신이나 신사임당 쓰면 됩니다. 링컨이나 히틀러 쓰면 됩니다.** 유명인 초상권도 세월이 가면 사라집니다. 공짜 모델이 된다는 얘기입니다.

　나는 두통약 펜잘 프레젠테이션 때 진시황과 대원군을 모셨습니다. 천하를 움켜쥔 두 사람. 하지만 이들에게도 골치 아픈 일은 있었겠지요. 예나 지금이나 많이 움켜쥘수록 골치는 더 아프니까요. 이들의 궁극적인 불행은 골치 아픈 일이 많아서가 아니라 그땐 펜잘도 없었다는 것.

copy　1. (진시황의 두통)

　　절대 권력은 얻었지만 불로초는 얻지 못했다
　　집착이 불러온 진시황의 두통. 그러나 그땐 펜잘도 없었다

　　2. (대원군의 두통)

　　상투는 지켰지만 나라는 지키지 못했다
　　고집이 불러온 대원군의 두통. 그러나 그땐 펜잘도 없었다

공영쇼핑은 메이드인코리아 상품을 주로 소개하는 홈쇼핑 채널입니다. 나는 3·1운동 100년을 기념하는 공영쇼핑 캠페인에 독립운동가들을 모델로 모셨습니다. 독립운동하는 마음으로 이곳에 상품을 내놓는 중소기업 대표들 머리 위에 유관순2, 안중근2, 권기옥2, 이봉창2 같은 헤드라인을 붙였습니다.

copy   유관순 2

나는 작은 김치공장을 한다. 내 이름을 걸고 김치를 만든다. 나는 내가 하는 일이 작은 독립운동이라 믿는다. 중소기업이 살아야 대한민국 경제가 산다고 믿는다. 나는 오늘도 태극기를 흔드는 마음으로 공장 문을 연다.

유정임김치의 유정임 대표에겐
대한독립만세와 메이드인코리아가 같은 뜻입니다.

쓰고 싶은 모델이 살아 있는 사람이라면

어떻게 해야 할까요? 쓰면 됩니다. 나는 가끔 유명 모델을 직접 등장시키지 않고도 그 모델의 힘을 빌리는 방법을 씁니다. 이름만 슬쩍 훔쳐 오는 겁니다. 카피에 이름 한 줄 들어갔다고 난리 치고 소송 걸 유명 인사는 없습니다. 물론 그 인사가 제품을 보증한다거나 제품 이름을 입에 올리는 건 문제가 되겠지요. 그 사람 명예를 건드려서도 안 되겠지요. 하지만 카

유관순 2

중소기업이 살아야　　　나라가 산다

피에 이름만 슬쩍 걸친다면 그건 용서가 될 것입니다.

서울 테헤란로에 우뚝 솟은 강남 파이낸스센터. 처음엔 I-타워라는 이름으로 분양하려 했습니다. 빌딩 일부는 국내 최초 6성급 호텔로, 일부는 초일류 인텔리전트 비즈니스 공간으로 사용할 계획이었지요. 단일 건물로는 국내 최대 연면적. 서울의 새로운 얼굴이 될 만한 빌딩이었습니다. 프레젠테이션에 참여한 나는 이런 헤드라인을 썼습니다.

copy   1. 빌 게이츠가 본사를 한국으로 옮긴다면
　　　　　어느 빌딩에서 시작하겠습니까?

　　　　2. 클린턴이 미국 경제인들과 함께 서울을 찾는다면
　　　　　어느 호텔에 묵겠습니까?

　　　　3. 시드니 올림픽에 국가 대표 빌딩을 출전시킨다면
　　　　　어느 빌딩을 내보내시겠습니까?

이 광고 때문에 빌 게이츠가 신문을 집어 던졌을까요? 클린턴이 이를 갈며 서울행 비행기를 탔을까요? 슬쩍 훔쳐 온 이들 이름이 빌딩의 격을 올리는 데 힘이 되지 않았을까요?

모델 후보 7 　모델　 모델 후보 1

모델 후보 5　　　　　　　　　　　　　　　　　모델 후보 3

모델 후보 6　　　모델 후보 4　모델 후보 2

유명 인사가 아닐지라도

말씀드린 김에 아주 저렴한 비용으로 모델을 사용하는 방법도 털어놓겠습니다. 그건 **유명인 주위를 살피는 것**입니다. 유명인 주위엔 틀림없이 괜찮은 모델이 삽니다. 그는 그의 아내일 수도 있고 엄마일 수도 있고 언니일 수도 있습니다. 아들딸일 수도 있습니다. 아니면 매니저나 코디일 수도 있습니다.

유명인 직접 쓰는 비용이 부담스럽다면 그 주위를 살피십시오. 그를 직접 쓰는 만큼은 아니겠지만 어느 정도는 그 모델을 쓰는 효과를 거둘 수 있습니다. 사람들이 알아서 누구 동생이다, 누구 매니저다, 떠들어 댈 테니까요. 나는 BYC 프레젠테이션 때 그렇게 했습니다.

　　1. (가수 김창완 부인)

　　우리 그이 좋은 면? 딱 하나!

　　팔베개가 높지도 낮지도 않고 참 편해요. 빌려 드려요?

　　그래요. 우린 좋은 면만 보고 살아요!

　　좋은 면, BYC

　　2. (농구 선수 허재 부인)

　　우리 그이 좋은 면이라, 정말 좋은 아빠지요

　　남편 역할보다 아빠 역할을 더 잘하는 게 큰 문제지만

　　그래요. 우린 좋은 면만 보고 살아요!

　　좋은 면, BYC

면의 품질이 내의 품질을 좌우한다고 합니다. BYC 캠페인 슬로건은 [좋은 면]이었고, 면이라는 단어가 지닌 두 가지 뜻을 비벼 활용했습니다.

지금까지 죽은 유명인, 산 유명인, 유명인 주변까지 탈탈 털어 모델로 쓰라고 말씀드렸습니다. 그러나 꼭 유명 인사만 모델이 될 수 있는 건 아닙니다. 전혀 알려지지 않은 사람도 훌륭한 모델이 될 수 있습니다. 그에게 감동적인 드라마가 있다면.

　　2012년 대통령 선거 때 나는 스페인 바르셀로나에 사는 한 남자 이야기를 읽었습니다. 그는 한 표를 행사하려고 기차 타고 지하철 타고 버스 타고 비행기 타고 무려 스물네 시간을 움직였다고 했습니다. 내 한 표가 얼마나 소중한지, 왜 내가 기권하면 안 되는지, 그를 모델로 이야기하고 싶었습니다. 그에게 연락했고 그의 이야기를 광고로 만들어도 좋다는 허락을 얻어 냈습니다.

그가 누구냐고요? 잘 모릅니다. 하지만 그가 따뜻함과 뜨거움을 함께 지닌 사람이라는 것은 알 것 같았습니다. 그에게 감동 먹고 쓴 TV 광고 카피, 그대로 들려 드립니다.

copy 갑니다

바르셀로나에서 마드리드까지 왕복 1,500km

기차 한 번, 지하철 다섯 번, 고속버스 한 번,
버스 세 번 그리고 비행기 한 번

내 조국 대한민국의 대통령을 뽑으러
뽑아 놓고 후회하지 않을 대통령을 뽑으러

스페인 교민 정주환 씨는 스물네 시간의 투표여행을
다녀왔습니다
당신의 투표여행, 10분이면 충분합니다

한 표가 세상을 바꿉니다

만약 카피라이터를 모델로 쓰고 싶어 하는 광고주가 있다면 내게 연락하라고 하십시오. 추천할 사람이 하나 있습니다. 이름 밝히기는 쑥스럽지만 그는 조선시대 송강과 같은 이름을 씁니다. 단 한 번도 광고에 등장한 적 없습니다. 그래서 외모와 무관하게 신선합니다.

32 칭찬이라는 엄청난 무기

소비자를 잘난 사람으로 임명해 주십시오

남의 눈

두 아이가 나란히 앉아 라면을 먹습니다. 아, 자세히 보니 한 아이는 라면을, 또 한 아이는 뉴면을 먹고 있네요. (뉴면은 MSG를 넣지 않아 건강에 좋다고 주장하는 라면이었습니다. 지금은 유해 논란이 어느 정도 가라앉았지만 한때는 언론의 과장보도 때문에 많은 사람들이 MSG를 독처럼 생각했습니다) 두 아이 머리 위에 자막이 뽕 뜨며 카피가 이렇게 묻습니다.

copy   라면 잘 먹는 아이

뉴면 잘 먹는 아이

뭐가 다를까요?

두 아이는 과연 뭐가 다를까요? 식성이 다르다? 뱃살이 다르다? 성격이 다르다? 아니면 성적이 다르다? 잠시 시간을 준 뒤 카피가 이어집니다.

copy   엄마가 다릅니다

        좋은 엄마는 뉴면!

차이는 엄마였습니다. 아이 건강을 세심하게 챙기는 엄마는 마트에서부터 행동이 다릅니다. 무심코 라면을 집었다가 '아니지' 하며 제자리에 내려놓고 뉴면을 찾아 카트에 넣습니다. 이런 엄마가 좋은 엄마라고 뉴면은 이야기합니다(지금 생각해 보니 좋은 아빠라고 할걸, 하는 후회도 듭니다).

그렇습니다. **제품을 띄우고 싶다면 제품을 찾는 소비자를 띄워 주십시오.** 소비자를 잘난 사람으로 만들어 주십시오. 좋은 엄마, 멋진 남자, 훌륭한 사장이 되기 싫은 사람은 없습니다. 라면 들고 계산대에 줄 서는 엄마보다 뉴면을 든 엄마가 더 좋은 엄마로 보인다면 몇백 원 가격 차이는 문제가 되지 않습니다. 누구나 인정받고 싶어 합니다. 누구나 과시하고 싶어 합니다. 남이 나를 어떻게 봐 줄 것인가, 즉 남의 눈도 중요한 구매 기준이 됩니다.

좋은 엄마 캠페인은 이렇게 이어질 수 있겠지요. 마트에서 뉴면을 잔뜩 사 들고 집에 들어가는 아까 그 좋은 엄마. 아파트 경비실 앞을 지나는데 경비 아저씨가 라면을 뜯으려 합니다. 좋은 엄마로 한 번 인정받은 엄마에게 또 한 번 찬스가 왔습니다. 이웃까지 배려하는 더 좋은 엄마가 될 수 있는 찬스. 엄마는 창문을 두드립니다. 창문이 열리면 뉴면 두 개를 안으로 넣어 줍니다. 그리고 이렇게 말합니다.

제품을 띄우고 싶다면
제품을 찾는
소비자를 띄워 주십시오

copy   밥 대신 드시는 건데 좋은 거 드셔야죠

이렇게 캠페인을 진행하면 '뉴면=좋은 엄마'라는 등식을 만들어 갈 수 있습니다. 여기에서 한 가지 카피 팁. 잘난 척하려면 목에서 힘을 빼라는 것. 목에 뻣뻣하게 힘주고 나 잘났다고 말하면 거부감부터 듭니다. 잘났다는 얘기를 큰 저항 없이 받아들이게 하려면 정색하고 말하는 것보다 자연스럽게 카피 속에 욱여넣는 것이 좋습니다.

[밥 대신 드시는 건데 좋은 거 드셔야죠], 이 한마디에 라면보다 뉴면이 더 좋은 음식이라는 메시지를 깊숙이 눌러 담았습니다. 잘난 척이 보일 듯 말 듯합니다. 아무래도 거부감이 조금은 수그러듭니다.

비슷한 예 하나 더 들어 봅니다. 신한은행 광고입니다. 신한은행 앞에서 구두 닦는 소년이 있습니다. 손님과 소년의 대화 속에, 신한은행이 가장 잘나가는 은행이라는 잘난 척을 슬쩍 욱여넣었습니다.

copy   장사 잘되네
       헤헤, 신한은행 앞이잖아요

이 카피는 IMF 때 썼습니다. 수많은 금융기관이 줄줄이 무너졌지만 신한은행은 비교적 안전했습니다. 하지만 BIS 비율이 어쩌고저쩌고하면서 우리만 안전하다고 말하는 건 분위기 파악 못 하는 것이지요. 그래서 이렇게 목에서 힘 빼고 잘났음을 알리려 한 것입니다.

이야기가 조금 엇나갔네요. 자, 소비자를 잘난 사람으로 만들어 주라는 주제로 돌아갑니다. S-OIL 캠페인입니다. SK와 LG가 양분하는 주유소 시장에서 S-OIL이 살아남는 법. 나는 S-OIL 고객을 잘난 사람으로 만드는 방법을 택했습니다. 아무 생각 없이 눈에 보이는 주유소로 들어가는 사람과 유턴까지 해 가며 S-OIL을 찾는 사람은 다르다는 메시지. 슬로건은 이렇게 잡았습니다.

copy   아는 사람은 S-OIL

휘발유 품질을 아는 사람은, 가격을 아는 사람은, 연비를 아는 사람은, 석유 공급 메커니즘을 아는 사람은 아무 주유소나 찾지 않는다는 뜻입니다. 물론 S-OIL은 SK나 LG보다 조금 쌉니다. 하지만 싸니까, 돈을 아낄 수 있으니까 S-OIL로 오라고 말하지 않습니다. S-OIL을 찾는 당신이 더 현명하다고 말합니다.

　　고객을 싸구려로 만들지 않는 것입니다. 가격 때문에 S-OIL을 찾는 김 대리에게도 이렇게 말합니다. 기름 한 방울 나지 않는 나라에서 연비 좋은 휘발유 찾는 건 애국이라고.

copy   김 대리는 일주일에 한 번 애국자가 됩니다

이마에, 참을 인(忍)
경제수석. 뉴스에서나 듣는 말입니다. 나랑은 별 상관 없는 말입니다. 청

와대에 사는 분에게만 상관있는 말입니다. 하지만 대통령이 아니어도 경제수석을 둘 수 있다고 말한다면 부통령쯤 된 기분이 들지 않을까요? 동양종합금융 광고에 경제수석을 초대했습니다. 그를 기업 슬로건으로 썼습니다.

copy   당신의 경제수석, 동양종금

'당신은 이제 경제수석을 둘 만한 사람입니다'라고 추어올리는 것이니 기분 나쁠 리 없겠지요. 이런 헤드라인과 함께 사용했습니다.

copy   청와대에만 경제수석이 있는 것은 아닙니다

바디카피 역시 고객을 잘난 사람으로 만들어 주겠다는 목표 하나를 향해 눈 딱 감고 달렸습니다.

copy   사람들은 당신을 성공이라는 말로 표현합니다. 그러나 그들은
        당신의 성공 뒤에 굵은 땀이 있었다는 것을 모릅니다. 당신이
        존경받아야 하는 이유는 성공이 아니라 바로 땀에 바친 시간입
        니다. 그 시간을 헛되이 하지 않기 위해 동양종금도 땀을 흘립
        니다. 당신이 흘린 만큼 땀을 흘립니다.

성공한 사람일수록 자신이 성공했다는 것을 널리 알리고 싶어 합니다. 카피라이터는 두 손으로 그것을 잘 받들어 모셔야 합니다. 배알 뒤집혀 그

런 카피는 못 쓰겠다고요? 그래서는 카피라이터 못 합니다. 카피라이터로 장수하려면 이마에 '참을 인' 자를 늘 써 붙이고 다녀야 합니다.

렉스턴 프레젠테이션 때도 조금 무리를 했습니다. 이 차 타는 사람은 하늘 저 위에 있는 분과 동격이라고 말하는 캠페인. 비교를 허락하지 않는 절대적인 느낌. 마치 종교 메시지를 던지듯 장엄과 엄숙. 슬로건은 [내려다본다].

copy   1. 하늘엔 영광, 땅엔 렉스턴
　　　　　누가 그의 절대 권위에 도전하는가

　　　　　내려다본다, 렉스턴

　　　　2. 하늘이여!
　　　　　정말 이 차를 우리가 만들었습니까?

　　　　　내려다본다, 렉스턴

　　　　3. 하느님!
　　　　　가끔 땅에 내려오십시오
　　　　　이제 당신을 모실 차가 있습니다

　　　　　내려다본다, 렉스턴

하느님!
가끔 땅에 내려오십시오
이제 당신을 모실 차가 있습니다

내려다본다, 렉스턴

나는 지난 35년간 거의 모든 제품 캠페인을 경험했습니다. '거의 모든'이라 표현한 건 내게 같이 일하자는 연락이 자주 오지 않는 바보 같은 제품군이 있었다는 뜻입니다. 나를 피하는 제품, 어떤 것들이었을까요?

화장품과 패션이었습니다. 물론 전혀 없었던 것은 아니고 몇 번은 있었습니다. 신원 에벤에셀이 그중 하나입니다. 모두스비벤디라는 남성복. 나는 이 옷을 입는 남자를 생각이 있는 남자, 흔하지 않은 남자로 만들고 싶었습니다. 패션 광고이니 직설 카피는 피했습니다. 나도 감각적인 카피 쓸 줄 안다는 걸 보여 주려는 듯 카피를 썼습니다.

copy   남자들 사이에 모두스비벤디가 있다

화장품 광고. 패션 광고. 사람들은 왜 이런 광고는 내게 가져가면 안 된다고 생각하는지 모르겠습니다. 당신은 알 것 같다고요? 나는 여전히 모르겠습니다.

카피라이터
명함이 없는
당신에게

언더그라운드 카피라이터가 되십시오

다르게! 낯설게! 나답게!

내 휴대폰엔 아내가 어떤 이름으로 저장되어 있을까요? 이정미? 집 사람? 아내? 와이프? 왕비마마? 여우나 호랑이? 아니면 스트레스? 다 아닙니다. 내 휴대폰에 저장된 그녀 이름은,

그녀

느낌이 있지 않습니까? 이름 그대로 저장하면 왠지 무심해 보이고 왕비마마나 여우는 너무 많이 간 것 같고, 무덤덤하지도 오들거리지 도 않는 적당한 선이 그녀라는 이름 아닐까요?

그리 특별할 것도 없는 그녀 이야기를 꺼낸 이유는 조금만 다르게 생각하자는 것입니다. 우리는 직업과 관계없이 이런저런 이름을 지어 야 할 때도 있고, 글솜씨와 무관하게 이린저런 글을 써내야 할 때도 있 습니다. 이때 나는 카피라이터가 아니니까, 작가도 아니니까, 하면서 늘 지루하기 짝이 없는 정답만 내놓는다면 그건 재미없는 인생을 사는 지 름길일 것입니다.

다르게!
낯설게!
나답게!

내 인생의 나침반 같은 말입니다. 글 하나 쓸 때도, 책 한 권 낼 때도,

광고 한 편을 만들 때도 나는 이 세 마디에게 부끄럽지 않은지 살핍니다. 하루하루 살면서도 나에게 묻습니다. 정철, 너 오늘 하루도 다르게 낯설게 나답게 살았니?

찾아보면 우리 생활 곳곳엔 남다르게 생각하여 남다르게 저지를 수 있는 일이 적지 않습니다. 직업 카피라이터는 아닐지라도 생활 카피라이터라는 이름을 붙일 기회는 누구에게나 널려 있습니다. 하루 5분만 다르게 낯설게 나답게 머리를 굴리십시오. 인생이 조금이라도 덜 지루해집니다. 조금이라도 더 유쾌해집니다.

자, 이 책 마지막에선 카피 아닌 카피들을 소개하려 합니다. 물건이나 서비스를 파는 카피가 아니라 삶 속에서 누구나 쓸 수 있는 카피. 카피라이터가 되지 않기로 결심한 당신도 쓸 수 있는 카피.

인사치레로 하는 얘기가 아닙니다. 무책임한 부추김도 아닙니다. 당신이 지금 이 페이지를 읽는다는 건 앞서 소개한 서른두 가지 팁을 몽땅 다 읽었다는 뜻입니다. 그것들을 호주머니 깊숙이 잘 넣어 두었다가 필요할 때마다 하나씩 꺼내 쓴다면 당신도 다르게 낯설게 나답게 저지를 수 있습니다.

명함, 청첩장

먼저 명함입니다. 세상 모든 명함엔 이름, 하는 일, 전화번호 등이 깨알처럼 적혀 있습니다. 내 명함도 그렇습니다. 그런데 이름이 조금 다르게 적혀 있습니다. 남들처럼 이규상, 임현숙, 정윤정 이렇게 이름 석 자가 그냥 놓여 있지 않습니다. 내 이름은 이렇게 적혀 있습니다.

정철입니다

이름 뒤에 [입니다]를 붙였습니다. **2장에서 말씀드린 [낯선 조합]**입니다. 불편한 조합입니다. **5장에서 말씀드린 [더하기]** 카피일 수도 있지요. 명함 내밀 때 따라가는 한마디, 그것을 그대로 명함 위에 올려 헤드라인으로 사용한 것입니다.

명함이 뭡니까? 처음 만나는 사람에게 '나 이런 사람이오' 하며 건네는 물건입니다. 그런데 '입니다'라는 불편한 조합 덕에 '명함 재미있네요', '카피라이터 명함답네요' 같은 반응을 얻어 냅니다. 미소를 얻어 냅니다. 처음 만나는 서먹함이 조금은 누그러집니다. 생각보다 쉽게 첫 대화를 시작할 수 있습니다. 어떻습니까? 당신도 앞에서 읽은 것을 그대로 써먹으면 할 수 있을 것 같지 않습니까?

명함뿐이겠습니까? 청첩장, 연하장, 크리스마스카드, 추천사, 자기소개서, 사인, 사직서, 자동차 뒷좌석에 붙이는 초보 운전 딱지, 승진 축하 화분에 붙는 글 한 줄, 주차장에서 남의 차 긁었을 때 두고 오는 메모, 카톡 단체방에 던지는 아침 인사, 블로그에 남기는 간단한 영화평, 명절 잘 보내라는 문자 메시지, 페이스북에 올리는 시시콜콜한 이야기까지 단 한 줄이라도 어제와 다르게 써 보십시오.

> 나는 생활 카피라이터다
>
> 나는 재야 카피라이터다
>
> 나는 언더그라운드 카피라이터다

이런 마음으로 써 보십시오. 프로 카피라이터가 아니니까 오히려 부담 없이 마구 저지를 수 있습니다. 저질러야 결과를 만들 수 있습니다. 자, 당신이 이 책에서 만난 첫 번째 카피, 기억하세요?

<u>copy</u>   추운 날, 국수 따끈하게 말아 놓겠습니다

내 청첩장 카피라고 했습니다. 책을 다 읽고 나니 왜 이 카피가 느낌이 달랐는지 알 것 같지 않습니까? 그렇습니다. **1장에서 말씀드린〔글자로 그림을 그린 카피〕**이기 때문입니다. 이 책 본전 뽑으려면 책에서 얻은 것들을 이렇게 조금씩 생활 속에 녹여 넣는 겁니다.

크리스마스카드, 연하장, 추천사, 자기소개서
나는 해마다 연말이면 크리스마스카드나 연하장을 만듭니다. 광고장이답게 카피라이터답게 만들려고 애씁니다. 하나씩만 소개합니다. 먼저 홀로 크리스마스를 보내야 하는 솔로를 응원하는 크리스마스

추운 날,
국수
따끈하게
말아
놓겠습니다

카드.

text　　남들은 징글벨

　　당신은 싱글벨

　　하지만 솔로들이여 기죽지 마라

　　세상 징글벨의 절반은 싱글벨 시절을 그리워한다

징글벨과 싱글벨. **6장에서 말씀드린 [말장난]**입니다. [징]을 [싱]으로 교체한 말장난입니다. 크리스마스를 홀로 보내야 하는 누군가를 위로한답시고 만든 카드인데 위로가 되었는지 오히려 '염장'이 되었는지 모르겠습니다.

　연하장엔 새해 띠 가지고 말장난을 자주 했습니다. 소띠 해엔, [빌겠소]. 말띠 해엔, [그러게 말입니다]. 양띠 해엔, [양반 되세요]. 양띠 연하장엔 **7장에서 말씀드린 [반복과 나열]**이 보입니다.

text　　양반 되세요

　　지금 마시는 소주의 양을 반으로 줄여 보세요

　　지금 피우는 담배의 양을 반으로 줄여 보세요

　　지금 드시는 고기의 양을 반으로 줄여 보세요

　　지금 지니신 욕심의 양을 반으로 줄여 보세요

　　지금 내뱉는 불만의 양을 반으로 줄여 보세요

내가 남의 책을 추천할 위인은 못 되지만 거절하기 어려운 때도 있어 아주 가끔 추천사를 씁니다. 김선영 작가의 《나도 한 문장 잘 쓰면 바랄 게 없겠네》라는 글쓰기 책에 드린 추천사. **11장에서 말씀드린** [바디카피의 리듬] 기억하십니까? **첫 줄에 꽉! 마지막 줄에 꽝!** 이 추천사 마지막 줄에 꽝이 보입니까?

text   글쓰기에 왕도는 없다. 나는 이 말을 믿는다. 이 책 어디에도 왕도는 없다. 글쓰기의 왕이 되고 싶다면 읽지 않는 게 좋다. 그런데 꼭 왕이 되어야겠는가. 정일품은 어떤가. 정이품은 어떤가. 괜찮지 않은가. 책 한 권으로 이런 말을 듣게 된다면 정말 괜찮지 않은가. 너는 글을 참 잘 써.

나는 글을 쓸 때 두 가지를 생각합니다. 두 가지 중 하나는 꽉 붙들어야 글이라고 생각합니다. 무엇 무엇일까요?

    의미, 재미

의미가 있거나 재미가 있거나. 둘 다 아니면 버립니다. 의미와 재미를 다 갖춘 글이면 더 좋겠지만 그게 어려울 땐 하나라도 붙들려고 애씁니다. 당연한 일이지요. 의미도 없고 재미도 없는 글을 누가 읽어 주겠습니까?

그런데 아십니까? 사람들은 의미 있는 글보다 재미있는 글을 더 좋아한다는 사실. 오래전 재미 하나만 꽉 붙잡고 내 소개서를 쓴 적이 있습니다. 입시나 취업 목적 자기소개서는 더 진지해야겠지만 그게 아니라면 얼마든지 재미있어도 됩니다. 내용, 형식, 화법 모두 남달라도 됩니다.

한 글자 50개로 쓴 자기소개서. 어쩌면 이런 발상이 나중에 《한 글자》라는 책을 쓰게 해 주었는지도 모릅니다. 지금 다시 보면 치기 어린 느낌도 있지만 이렇게 저지를 수도 있다는 걸 보여 드리려고 몇 개 소개합니다. **바디카피 쓰기 전 [설계]라는 것을 먼저 하라고 했던 3장**을 떠올리십시오.

text	소 - 61년 소띠. 박정희 소장과 함께 등장했다.
	총 - 방위 출신이다. 만질 일 별로 없었다.
	담 - 딸아이 이름이다. 내가 공짜로 지어 줬다.
	폰 - 담겨 있는 기능의 1/100쯤 사용한다.
	키 - 170에서 40년 이상 대기 중.
	장 - 장점, 아내에게 잔소리를 안 한다.
	단 - 단점, 아내에게 굵은 소리를 한다.
	눈 - 높은 편이다. 아내는 나보다 훨씬 높은 편.
	별 - 전과 없다. 착한 시민이다.
	턱 - 검은 수염 절반, 흰 수염 절반.
	철 - 내 이름인데 언제 들지 나도 모른다.

목 - 넥타이 하나 없다. 양복이 없으니.

말 - 글 쓰는 일보다 훨씬 어렵다.

술 - 좋아함을 넘어 사랑한다.

책 - 1년에 한 권씩 평생 쓰고 싶다.

병 - 취하면 계산을 하는 못된 병이 있다.

꿈 - 쓰고 싶은 글만 쓰고 밥 먹었으면.

당신에겐 당신만의 사인이 있습니까?

마지막은 사인입니다. 사람들은 대개 '누구누구 님께'라고 쓴 다음 자신의 좌우명을 한 줄 보태고 사인을 합니다. 어쭙잖은 책을 쓰는 나도 가끔 사인을 할 때가 있습니다. 이렇게 합니다.

김정숙 더하기 정철

사인을 하는 순간 그 사람과 내가 더해졌다는, 엮어졌다는, 하나가 되었다는 뜻입니다. 관계의 소중함을 생각하게 하는 사인입니다. **17장에서 말씀드린 [사람이 먼저]**라는 의미가 담긴 사인입니다. 사람에 사람을 더하는 일만큼 행복한 일은 없다는 생각으로 이렇게 사인을 합니다.

지금 쓰는 이 글이 책이 된다면, 누군가 이 책을 들고 와 내게 사인을 청한다면 나는 또 그 사람과 나를 더할 것입니다. 자, 묻습니다. 당신에겐 사인이 있습니까? 당신만의 사인이 있습니까?

카피는 카피라이터의 전유물이 아닙니다

광고 속에만 놓여 있어야 하는 것도 아닙니다. 꼭 상품을 팔아야 하는 것도 아닙니다. 일상을 유쾌하게 만드는 카피, 이웃에게 먼저 손을 내미는 카피, 세상 온도를 한 뼘 더 높이는 카피, 누구나 쓸 수 있습니다. 당신도 쓸 수 있습니다.

카피 실습

연필과 머리를 써서
카피를 완성해 보십시오

1장

• **아래 헤드라인을 더 구체적인 카피로 바꿔 보십시오.**

그녀는 말이 많다

2장

• **아래 문장을 낯선 단어의 조합으로 다시 써 보십시오.**

올겨울은 유난히 따뜻해 외출하기 좋다

3장

• **아래 바디카피는 모두 세 문장입니다. 부엌칼을 들고 열 문장 이상으로 다시 써 보십시오.**

여수에 가면 그곳에서 그 맛있다는 음식 실컷 입에 넣고 오거나 그 황홀한 풍광 듬뿍 눈에 넣고 오거나 그건 당신 마음이지만 입과 눈은 호강하는데 귀에게만 소홀하다는 투정을 듣지 않을까 걱정되어 놀라운 정보, 귀가 솔깃해지는 정보, 아니 귀가 감격해서 엉엉 울 수도 있는 정보를 드립니다. 여수 출신 젊은 아티스트들이 호스트가 되어 세계적인 아티스트들을 전원 노 개런티로 국내로 불러들이는, 설마 그게 가능할까 했던 일이 현실에서 벌어지는데, 그건 8월 18일부터 22일까지 여수에서 국제음악회가 개최된다는 것. 한려수도의 시작 여수가 마침내 동양의 잘츠부르크가 되는 이 놀라운 사건 속에 당신이 놓인다면 당신의 입과 눈은 물론 귀까지 행복해서 미칠 텐데 이제라도 휴가 일정을 다시 짜야 하지 않을까요?

4장

- 대학생들에게 꼭 투표에 참여해 달라고 호소하는 바디카피를 써 보십시오. 전국 수십만 대학생들에게 호소하는 카피지만, 지금 내 앞에 대학교 2학년 한 명이 앉아 있다는 느낌으로 카피를 쓰십시오.

5장

- 헤드라인이 길면 한눈에 뜻이 전달되기 어렵습니다. 아래 헤드라인을 헤드라인과 서브헤드 또는 오버헤드로 쪼개 헤드라인을 짧게 만드십시오.
1. 탁구는 민첩성과 순발력을 함께 키울 수 있는 가장 경제적인 스포츠입니다
2. 백년손님 사위가 찾아오면 이제 닭 잡아 주지 말고 쌀통닭에 전화하세요

6장

- 본문에 예시한 우석대 카피(88쪽)는 '대'라는 끝음절로 말장난을 한 카피입니다. '대'로 끝나는 3음절 단어는 지렛대, 전봇대, 기상대 말고도 얼마든지 있습니다. 세 가지를 더 찾아 총 여섯 개 시리즈로 만들어 보십시오.

7장

- 다음 문장을 반복과 나열이라는 무기를 사용하여 맛과 리듬을 살려 보십시오.

전라도 음식은 맛있습니다. 어느 한두 곳만 맛있는 게 아니라 어디를 가든 다 맛있습니다.

8장

- 아래 바디카피에서 걷어 낼 수 있는 것은 다 걷어 내십시오. 조사 하나까지 악착같이 찾아 다 걷어 내십시오.

온고지신(溫故知新). 옛것을 익혀서 새로운 것을 안다. 이 말은 공자님 말씀입니다. 이 말씀은 자꾸 되씹어 볼수록 그 향기가 새록새록 더합니다. 그건 오늘을 사는 우리에게도 이 말씀의 뜻이 고스란히 적용되고 있기 때문입니다. 지금 이 순간에도 청구는 건설을 비롯하여 유통물류, 정보통신, 문화예술 등 우리 산업의 거의 모든 분야에서 그 누구보다 가장 활발하게 움직이고 있습니다. 물론 이는 하루아침에 갑자기 일어난 일이 아닙니다. 하나를 위해 천을 버린다는 청구의 소중한 건설 정신을 다른 모든 분야에서 그대로 배우고 익혀 그 정신 그대로 움직였기에 가능한 일입니다. 청구지신(靑丘之新), 청구의 힘입니다.

9장

- 경동보일러는 수명 걱정, 잔고장 걱정, 서비스 불만이 없는 보일러라고 주장합니다. 소설로도 영화로도 잘 알려진 마거릿 미첼의 《바람과 함께 사라지다》, 어니스트 헤밍웨이의 《누구를 위하여 종은 울리나》 이 두 제목을 활용하여 경동보일러 주장을 카피로 만들어 보십시오.

10장

- 아래에 우격다짐 카피가 있습니다. 어깨에서 힘을 빼고 편안한 카피로 다시 써 보십시오.
1. 오리털 파카보다 따뜻한 보온 양말
2. 웨딩드레스하고도 바꾸기 싫은 패션 양말

11장

- 아래 카피를 리듬을 살린 헤드라인으로 바꿔 보십시오.

남들은 방수라서 이 시계를 좋아한다지만 나는 디자인 하나 보고 선택했다

12장

- 아래 카피의 핵심 메시지를 찾아 단정적인 헤드라인으로 표현해 보십시오.

재벌과 조폭은 살아가는 모습이 전혀 다른 것 같지만, 둘 다 결국 자본의 논리에 의해 움직인다는 것을 이 영화가 보여 준다

13장

• 《내 머리 사용법》이라는 책은 망치 같은 책입니다. 머리 표면을 때리는 망치가 아니라 머리 안쪽 뇌에 울림을 주는 망치입니다. 이 책이 발상 전환에 도움을 준다는 이야기를 뚱딴지같은 헤드라인을 던지며 해 보십시오. 물론 헤드라인이 어떤 뜻인지 풀어 주는 바디카피까지 써내야겠지요.

14장

• 신라면은 어떤 단어에 집착했을까요? 또 새우깡에게는 어떤 단어를 그의 것으로 붙여 주고 싶은가요?

15장

• 아래 의성어 또는 의태어 다섯 개를 사용하여 아침에 일찍 일어나자는 의견 광고 카피를 써 보십시오.

꼬끼오. 아삭. 탁. 콱. 붉으락푸르락. 졸졸. 어슬렁. 끄덕. 시시콜콜. 둥둥. 딩동댕. 하하하. 호호호. 깔깔깔. 헐레벌떡. 컹. 피식. 꾀꼴. 쿨쿨. 엎치락뒤치락. 찰칵. 옹기종기. 낑. 킥. 뚝. 툭. 글썽. 철썩철썩. 갸우뚱. 후다닥. 질질. 꼼지락. 빤지르르. 부랴부랴. 화들짝. 야옹. 쑥쑥. 휘영청. 오순도순. 쏴. 둥실. 덜컹. 꽈당. 비틀. 멍멍. 따르릉. 펄펄. 팔팔. 부르릉. 철철. 주르륵. 잘록. 볼록. 야호. 성큼성큼.

16장

• 우리말로 바꿀 수 있는 한자어를 모두 다 바꾸어 다음 글을 다시 써 보십시오.

광고가 문화인가? 이 질문에 대한 대답은 크게 갈릴 것입니다. 일부에선 광고 따위가 무슨 문화냐며 흥분할지 모릅니다. 이에 대한 논쟁은 차치하더라도 광고가 다른 어떤 문화보다 문화적 영향력은 막대하다는 점은 누구도 부인 불가일 것입니다. 광고가 문화적 영향력이 막대하다는 건 광고쟁이에겐 두 가지 의미를 제시합니다. 자부심과 책임감. 먼저 자부심. 누가 당신을 비난하며 자본주의의 개라고 공격한다면 씩 웃으며 이렇게 역공하십시오. 내 업무가 네 업무보다 사회적, 문화적 영향력이 훨씬 큰 업무야. 그러니 나는 너랑 언쟁할 시간이 없어. 그리고 책임감. 누가 당신에게, 광고 하나 잘 제작한다고 세상이 변화하느냐고 질문한다면 이렇게 응대하십시오. 세상은 변화시킬 수 없겠지만 몇 사람의 생각은 변화시킬 수 있거든. 그 몇 사람이 혁명일 수도 있거든.

17장

• 한 아파트 입주자가 올해는 가족에게 크리스마스 선물을 하지 않고 그 돈으로 아파트 경비 아저씨 여덟 분 모두에게 장갑을 선물했습니다. 이 따뜻한 에피소드를 소재로 공익 광고 카피를 써 보십시오. 사용할 세 가지 키워드는 산타, 갑질, 1년입니다.

18장

• 락앤락은 밀폐 용기 부문 우리나라 브랜드파워 1위입니다. 2위와 큰 격차를 보이는 압도적 1위입니다. 이를 자랑하는 헤드라인을 써 보십시오. 헤드라인만 봐도 브랜드로 바로 연결되는 그런 카피.

19장

• 가격이 저렴하다는 콘셉트로 아래 제품의 헤드라인을 써 보십시오. 물론 헤드라인에 브랜드네임을 적극 활용하는 겁니다.

1. 아이폰
2. 용인컨트리클럽
3. 처음처럼

20장

• 봉준호 감독의 〈기생충〉이라는 영화. 이 영화 광고 카피는 누구에게 말을 거느냐에 따라 달라질 것입니다. 고등학생에게, 30대 주부에게, 50대 남성에게 던지는 헤드라인을 각각 다르게 써 보십시오. 영화 내용을 잘 모른다고요? 그렇다면 잠시 책을 덮고 영화를 찾아 본 후에 쓰십시오.

21장

- 코로나를 겪으며 국민 상비약으로 부상한 타이레놀. 이 약의 슬로건을 써 보십시오.

22장

- 호텔스컴바인 사이트에서 예약한 후, 같은 조건인데 더 저렴한 요금을 제 시하는 곳을 발견한다면 차액을 환불해 준다고 합니다. 이 사이트 카피를 써 보십시오. 물론 돈을 아낄 수 있다는 콘셉트로.

23장

- 서울대학이 있습니다. 동서울대학도 있습니다. 동서울대학이 신입생 모집 광고를 해야 합니다. 서울대학 가겠다고 마음먹은 학생을 빼앗아 오는 건 어렵습니다. 하지만 존재감을 갖기 위해서라도 넘버원 서울대학에게 싸움 을 거는 광고를 해야 합니다. 어떤 카피를 쓰시겠습니까?

24장

• 지오다노와 게스. 둘 다 편하고 트렌디한 캐주얼 브랜드입니다. 라이벌이라고 할 수 있겠지요. 지오다노 카피를 써 보십시오. 그냥 내 이야기만 하지 말고 라이벌을 사용하여 메시지에 객관과 신뢰를 더해 보십시오.

25장

• 백의민족은 친환경 세제 브랜드입니다. 환경에 대한 경각심을 제품 판매로 연결하는 광고를 해야 합니다. 떼죽음을 당한 꿀벌, 강가에 죽어 올라온 물고기, 어미 소 곁에서 죽어 가는 기형 송아지 등 인상 찌푸려지는 비주얼을 사용하여 광고를 만들어 보십시오.

26장

• 인쇄 광고 섬네일 그리기 연습입니다. 아래 헤드라인에 걸맞은 비주얼 아이디어를 찾아 직접 그려 넣어 보십시오.

혼자 사는 어르신의 안부, 우유 배달로 확인합니다 (매일유업)

27장

• 아래 카피를 5학년 혜진이도 알 수 있는 쉬운 카피로 바꿔 보십시오.

새로 나온 볼빅 골프공은 백스핀량 조절로 공기 저항을 최소화하여 궁극적으로 비거리를 늘려 줍니다

28장

• 어린이 장난감 '회전 씽씽 주차타워'는 사는 사람과 가지고 노는 사람이 다른 제품입니다. 누구에게 팔아야 할까요? 헤드라인을 고민해 보십시오.

29장

• 커피를 많이 마시면 밤에 잠이 오지 않는다고 합니다. 그래서 우리는 낮에 마시는 커피양을 조절하곤 합니다. 커피 만드는 기업에겐 환장할 노릇입니다. 역발상을 해 봅시다. 잠이 오지 않는 것이 인생에 도움이 될 수도 있다는 생각을 해 봅시다. 그 역발상으로 맥심커피 카피를 써 봅시다.

30장

• 송월타올에서 신제품이 나왔습니다. 매력은 네 가지입니다. 네 가지 매력을 하나씩 내세워 총 네 개 광고로 하나의 캠페인을 만들어 보십시오. 헤드라 인만 쓰시면 됩니다. 대신 캠페인인 만큼 헤드라인에 통일감이 있어야 합니다.

1. 디자인이 세련됐다
2. 컬러가 다양하다
3. 습기가 남지 않는다
4. 송월이 만들었다

31장

• 이번엔 카피를 묻는 게 아니라 생각을 묻습니다. 표지에 저자 얼굴이 크게 나오는 책이 있습니다. 어떻게 생각하십니까? 좋은 전략이라고 생각하십니까?

32장

• 웅진코웨이 정수기. 코디가 정기적으로 방문하여 정수기를 점검하고 청소해 줍니다. 그런데 그때마다 1천 원씩 적립되어 고객 이름으로 물을 마시기 힘든 오지에 물을 공급해 준다면 어떤 광고를 할 수 있을까요? 헤드라인과 바디카피 모두 써 보십시오.